Wie man
sparsam
zu haushalten
pflegt

Wie man sparsam zu haushalten pflegt

ein praktischer Ratgeber
für sparsame Hausfrauen

und solche, die es werden
wollen

von
Anny Wothe

KOMET
Edition Kock

Das hier vorliegende
und wieder neu aufgelegte Buch
von Anny Wothe aus dem Jahre 1904
ist die authentische, jedoch gekürzte Wiedergabe
des Originalwerkes.
Es enthält Ratschläge und Rezepte zum
Thema Sparsamkeit im Haushalt aus der Sicht
der Hausfrau um die Jahrhundertwende und
dürfte gerade heute wieder aktuell sein.
Wenn auch viele Ratschläge heutzutage kurios
anmuten, so liefert dieses Buch doch einige
interessante Anregungen zum sparsamen Haushalten
und gibt Zeugnis davon, mit welch geringen
Mitteln die Hausfrau von damals doch relativ
gute Ergebnisse erzielte.
Diese lehrreiche und gleichwohl amüsante
Lektüre für erfahrene Hausfrauen und
solche, die es noch werden möchten, enthält
die Terminologie, Gewichts-, Maß- und
Preisangaben der damaligen Zeit.

Sonderausgabe für KOMET, Frechen
Alle Rechte bei: Hans-Peter Kock, Bielefeld
Gesamtherstellung: KOMET, Frechen

Vorwort

Der Aufforderung zum sparsamen Haushalten wird sich die pflicht-
bewußte Hausfrau auf ihrem ganzen Lebensweg ausgesetzt sehen.
Sparsamkeit predigte einst die Mutter und jetzt der Gatte. Zur Sparsamkeit mahnen die immer größer werdenden Ansprüche der heranwachsen-
den Kinder..., und die arme, geplagte Hausfrau oder die, die es im
Begriffe ist zu werden, weiß gar nicht mehr, wo sie vor lauter „Sparsamkeit" hin soll.

Da kommt es denn nur zu häufig vor, daß man die Sparsamkeit nicht
mehr als Tugend übt, wie es Pflicht einer jeden Hausfrau ist, sondern
daß man sie als Sport betreibt. Die Hausfrauen suchen sich jetzt in der
Sparsamkeit zu überbieten, und die dabei nach ihrer Meinung am meisten erübrigt, hat den Preis davongetragen. Sie, die Hastende, Ringende,
Vorwärtsstrebende, vergißt nur dabei, daß es nicht darauf ankommt,
was man spart, sondern *wie* man spart!

Auf der ewigen Suche nach weisen Sparrezepten, vorteilhaften
Einkaufsquellen und praktischen Einrichtungen für den Haushalt über-
sieht die Hausfrau zumeist das Nutzbringende. Um 50 Pfennige zu
sparen, läuft sie, weil der Kaffee bei Meyer oder Müller billiger ist als
anderswo, in Wind und Regen durch die halbe Stadt, um, nachdem sie
sich nasse Füße und einen tüchtigen Schnupfen geholt hat, schließlich
die Pferdebahn zu benutzen, wodurch die Hälfte des Verdienstes verloren geht. Todmüde kommt sie zu Hause an, Mann und Kinder sind
ungeduldig und warten auf das Abendbrot, das sie hastig und aufgeregt
zubereitet, wodurch es ungenießbar wird.

Was hat sie nun für die noch bleibenden 25 Pfennige erreicht? Verdruß und Ärger die Menge, denn der Gatte ist durch ihr Ausbleiben und
das schlechte Abendbrot verstimmt, die Kinder sind unartig und ver-
drießlich. Sie selbst braut sich, um die Erkältung im Keime zu unter-
drücken, einen ordentlichen Glühwein, und hinterher kommt noch eine
ellenlange Apotheker- und Doktorrechnung, da der Glühwein nicht ge-
holfen hatte. Alles, um 50 Pfennige zu sparen! Ich danke für eine solche

Sparsamkeit! *Mit Verstand* müssen wir sparen, nicht ohne Ziel und Zweck, nur um zu sparen, sondern wir müssen wohl überlegen, was wohl dabei herauskommt, wenn wir sparen, wenn wir uns und unseren Angehörigen dies oder jenes versagen.

Viele Frauen glauben sehr sparsam und tugendhaft zu sein, wenn sie jede Woche 10 oder 20 Mark an ihrem Wirtschaftsgeld ersparen, sie denken aber nicht daran, daß sie für die 10 Mark, die sie vielleicht erspart haben, tausendfach dasjenige vergeudet haben, was die strengste Sparsamkeit ihnen später nie, nie wieder ersetzen kann. Vielleicht haben sie ihre Gesundheit für die ersparten 10 Mark gegeben oder die ihrer Kinder, ihres Mannes. Vielleicht haben sie ihre Schönheit geopfert oder ihre Kleidung vernachlässigt, kurzum sie sind eine lebendige Sparbüchse geworden, in der allerdings, wenn man sie zerschlägt, ein paar Münzen klappern, die aber sonst im Innern hohl und leer ist, eine Sparbüchse, die weder Freuden genießt noch gewähren kann. Mir graut vor solchen Musterhausfrauen mit dem ewigen Sparsystem, das alle Lebensfreude vernichtet und das Dasein zu einem ewigen Hasten und Ringen macht, zu einer immerwährenden Jagd nach dem Glücke, das doch keins ist, und das zuletzt nur mit Grauen und Ekel erfüllt, weil alles Ringen, alles Kämpfen vergebens war.

Als Redakteurin einer vielgelesenen Wochenschrift für die Frauenwelt ist an mich oft die Frage gestellt worden: Wie und wo spare ich? Wie soll ich mit dem Wenigen, das ich besitze, auskommen? Wo und wie soll ich meine Einkäufe machen? usw. Diese vielfachen und berechtigten Klagen und Fragen der Frauenwelt gaben uns die Idee ein, wiederholt in unserer Wochenschrift „Von Haus zu Haus" große Preisausschreiben zu veröffentlichen über Ratschläge zum sparsamen Haushalten, Mittel zur Gesundheits- und Schönheitspflege, hauswirtschaftliche Neuheiten, neue Erfindungen usw., deren Ergebnisse zum größten Teil hier in diesem Buche niedergelegt sind. Praktische Hausfrauen und kompetente Autoren haben sich in diesem Werk vereinigt, um darzutun, wie man spart: durch strenge Beachtung von Regeln, durch Haushalten mit Geld, Gut, Gesundheit und Schönheit und auch durch die Anwendung von technischen Neuerungen.

Seid sparsam! rufe auch ich der Frauenwelt zu, aber im gesunden Sinn lernt sparen! Nicht indem ihr eure Einkäufe überhastet und allerlei unnützen Trödel kauft, nur, weil er billig ist. Nein, guter Qualität wendet eure Aufmerksamkeit zu. Kauft nur ein, was ihr unbedingt nötig habt! Leiht den Neuerungen, die oft so viel Zeit und Geldersparnis in sich schließen, ein offenes Ohr, und ihr werdet glückliche und frohe Hausfrauen werden, die das, was sie haben, wohl zusammenhalten und zu mehren suchen, die aber nicht ängstlich um jeden Pfennig zittern, den sie für gute Ware mehr zahlen müssen als für schlechte, die ihnen mehr Schaden als Nutzen bringt. Dies vorliegende kleine Buch soll euch, ihr Hausfrauen, oder die ihr es werden wollt, ein treuer und gewissenhafter Führer und Ratgeber im Haushalt sein und Auskunft über alles geben, was ihr unter dem Gesichtspunkt der Sparsamkeit zu wissen begehrt. Einen anderen Zweck hat das bescheidene Büchlein, zu dem ich diese Vorrede schreibe, nicht!

Herzlichen Dank möchte ich an dieser Stelle all den verehrten Mitarbeitern sagen, die es durch Einsendung ihrer Arbeiten möglich machten, daß dieses Werk zustande kam. Und so möge es auch für Sie und Ihre Familie eine rechte „Sparbüchse" sein.

Februar 1904   Anny Wothe

Inhaltsverzeichnis

Vorwort   5

Inhaltsverzeichnis   9

Teil I Zur Haushaltsführung   13

Die Eigenschaften einer guten, sparsamen Hausfrau   15
Die häusliche Buchführung   17
Einstellung von Dienstpersonal   20
Das Säubern von Kochgeschirr   23
Fensterputzen ohne Mühe   24
Sparsame Pflege von Holzfußböden   26
Etwas über Fleckenentfernung   28
Von der richtigen Schuhpflege   30
Das Färben von neuen Kleidern   32
Frische, neue Seife aus Seifenresten   34
Wie spare ich Heizungsmaterial?   36
Verwertung von Kartoffel- und Apfelsinenschalen   39
Nützlicher Gebrauch von Holzwolle   40
Buchführung auf der Reise   41

Teil II Zur Ernährungsfrage   43

Sparsamkeit in der Küche   44
Der richtige Küchenzettel   48
Gut organisierter Großeinkauf   50
Kartoffeleinkauf per Inserat   52
Statt Fleisch mehr Hülsenfrüchte   53

Wohin mit den Speiseresten? 54

Eine gute und billige Suppe 56

Ersatzaufstrich für Butter 58

Schmackhafte Fleichpasten zu Appetitsbrötchen 59

Wie man Senf selbst zubereitet 61

Verwertung von Fischresten 63

Sparsamer Umgang mit Eiern 65

Pudding aus Kuchenresten 67

Keimfreikochen von roher Milch 68

Konservieren von grünen Erbsen für den Winter 70

Das Einmachen von Butter 71

Selbstgebrautes Weißbier 73

Honig-Met selbst angesetzt 74

Entenzucht im eigenen Haus 76

Teil III Zur Gesundheitspflege 79

Vorbeugen ist besser als heilen 80

Bewährte Schnupfenmittel 83

Das Mittagsschläfchen vom Standpunkte der Sparsamkeit aus 84

Die Hausapotheke als Steckenpferd 86

Hausmittel zur Schönheitspflege 88

Tadellose Hände 89

Teil IV Zur Haus- und Wohnungseinrichtung 91

Die richtige Wohnung 92

Ordnung im Hause 94

Wissen Sie, was eine Kochkiste ist? 96

Einkauf von Möbeln 98

Heißes Wasser aus dem Gasbadeofen 100

Helfer bei der großen Wäsche 102

Der Wäscheschrank 104

Schrankeinlagen aus Wachstuch 106

Eine preiswerte Schreibmaschine 107

Teil V Zur Kleidungsfrage 109

Wie kleide ich mich sparsam und doch elegant? 110

Zerrissene Textilien einfach geflickt 115

Vom Putzmachen, das zur Sparsamkeit beiträgt 116

Kinderstrümpfe, die man nicht zu stopfen braucht 118

Das zweckmäßige Reisenachthemd 119

Kleidung für Radfahrer 120

Des Ausflüglers selbstgemachte Umhängetasche 122

Ein preiswerter Regenschutz für Alpenreisende 123

Teil VI Zur Erziehung der Kinder 125

Sparsamkeit in der Kinderstube 126

Vom Taschengeld für Kinder 128

Wie oft man Kindern Butterbrote bereiten sollte 130

Härtet Eure Kinder ab! 132

Eigene Sparrezepte 136

Zur Haushalts-führung

Im richtigen Einkauf liegt der Segen

Die Eigenschaften einer guten, sparsamen Hausfrau

Was nützen uns die schönsten, langatmigsten Belehrungen über Sparsamkeit, wenn sie an die verkehrte Adresse gelangen. Untersuchen wir daher einmal zunächst, welche Eigenschaften die Hausfrau besitzen muß, soll von Sparsamkeit in ihrer Wirtschaft überhaupt die Rede sein. Als erste Eigenschaft liebe ich an der Hausfrau den Fleiß, verbunden mit der Pünktlichkeit, denn man sagt: „Fleiß bricht Eis!"

Vom frühen Morgen bis zum späten Abend sollte sie jede Minute treu nutzen. Dazu ist aber eine genaue Arbeitseinteilung nach Stunden nötig. Jeder im Hause muß für jede Stunde seine Arbeit kennen. Sonst kann der Fall eintreten, daß das Frühstück zu der Zeit, zu der der Vater zur Arbeit muß und die Kinder in die Schule, noch der Fertigstellung harrt. Die Zeit mahnt zum Aufbruche, und den Bissen noch im Munde stürmt alles hinaus. Kehrt der Mann des Abends nach Hause, findet er überall Spuren halbgetaner Arbeit, ungeheizte kalte Zimmer, nasse Fußböden, nirgends eine traute Stätte, kann man es ihm da verdenken, wenn er seine Zuflucht ins Wirtshaus nimmt? Mancher Groschen wird auf diese Weise vergeudet, den die fleißige und pünktliche Hausfrau hätte sparen können, wenn sie ihrem Gatten ein behagliches Heim zu geben vermocht hätte. Mit Fleiß und Pünktlichkeit muß aber auch die Ordnung verknüpft sein. Wie sieht's aber in sehr vielen Haushaltungen damit aus! Anstatt jedem, selbst dem kleinsten Gegenstand seinen bestimmten Platz anzuweisen, liegt alles in schönster Unordnung durcheinander. Der eine rennt planlos suchend am andern vorbei; dieser sucht den Besen, jener irgendein Putzgerät, keiner weiß sein Kleinod zu finden; der Zufall muß es ihm in die Hand spielen. So werden Stunden unnütz verschwendet, und doch ist, wie man sagt, Zeit auch Geld.

Bei einer solchen Unordnung entzieht sich mancher Gegenstand dem Auge der Hausfrau. Sie bemerkt nicht die Schäden an Kleidungsstücken zur rechten Zeit, die vielleicht heute noch mit einigen Nadelstichen zu retten sind, während sie schon morgen gänzlich unbrauchbar geworden sind. Wer in dieser Hinsicht nicht auf das Kleinste achtet, der erlebt bald die größten Verluste. Hier gilt namentlich das Wort: „Achte das Kleine nicht so klein, es bewahrt die Keime des Großen." Von Sparsamkeit kann bei solchen Hausfrauen gar nicht die Rede sein, die so durch Unordnung und Nachlässigkeit glänzen. Gerade auf dem Gebiete der Kleidungsstücke ist weise Sparsamkeit sehr angebracht. Durch Nadel, Faden, Bürste und Seife lassen sich oft beträchtliche Ausgaben ersparen. Nur solche Hausfrauen, die wenigstens die vorgenannten Eigenschaften besitzen, haben den Gedanken der Sparsamkeit verstanden und werden aus nachfolgenden Kapiteln Gewinn zu ziehen vermögen.

Diebessichere Geldkassette zum Anschrauben auf einer Tischplatte

Die häusliche Buchführung

„Wo ist denn nur mein Geld geblieben?" Wenn eine Hausfrau so spricht, so stellt sie sich kein begehrenswertes Zeugnis aus. Es hapert bei ihr im Kapitel „Ordnung", vor allem in der Ordnung mit Geldsachen. Sie kennt die häusliche Buchführung nicht oder nur dem Namen nach; sie weiß nicht, daß es im ganzen Haushalte kein Geschäft gibt, das sich so sehr lohnt, wie das tägliche *Aufschreiben* einiger Ziffern und das häufige *Vergleichen* derselben, worin die häusliche Buchführung der Hauptsache nach besteht. Schauen wir die Sache etwas näher an.

Die häusliche Buchführung umfaßt zwei Geschäfte: das Aufstellen des *Voranschlages* und das Führen des *Haushaltungsbuches*. Durch den Voranschlag werden alle Einnahmen und Ausgaben zum *voraus* geregelt, also zu einer Zeit, wo das Regeln noch möglich ist. Man macht den Voranschlag gewöhnlich gegen Ende eines Jahres für das kommende Jahr. Das Einkommen kann man meistens ziemlich genau schätzen. Dann weiß man, daß die Wohnung soundsoviel kostet, ebenso die Feuerung und Beleuchtung; wer neue Kleidungsstücke braucht, regt sich von selbst; die Ausgaben für das Flicken und Ausbessern werden auch berücksichtigt; die Nahrung, Morgen-, Mittags- und Abendessen mit Zwischenbroten, spielt eine Hauptrolle; Gesundheitspflege, Arzt und Apotheke, dann Lebens- und Feuerversicherungen, Auslagen für Vereine, für politische und hauswirtschaftliche Zeitungen, Ausflüge, Geburts- und Weihnachtsgeschenke, Porto usf. werden genau rubriziert und dann die einzelnen Posten zusammengezählt. Erreichen die Ausgaben die Einnahmen noch nicht, so kann für den Mann noch ein neuer Herbstüberzieher, für die Frau vielleicht eine neue Bluse aufgenommen werden oder es wird eine bessere Sorte Kohlen vorgesehen usw. Immer aber müssen noch zwei Beträge übrig bleiben, von denen der eine für *Unvorhergesehenes* hinreichend ist und der andere groß genug, um mit einigen Zahlungen das *Spar-* oder *Kassenbuch* füllen zu können. Überschreitet die Summe der einzelnen Posten aber das Einkommen, so muß man sich *Einschränkungen* auferlegen. Von den zwei neuen Hüten der Frau wird einer gestrichen, frisches Garnieren eines vorjährigen genügt auch (siehe Seite 116); ebenso wird für den Mann die Flasche Pilsener um 4 Uhr in Abzug genommen. Einmal in der Woche bringt die Frau statt des teuren Fleisches Hülsenfrüchte auf den Tisch, die so nahrhaft sind wie Fleisch; auch kauft sie in der Metzgerei Schweine- und Nierenfett und läßt es aus, verbraucht also nicht lauter Butterschmalz usf. Die Ausgaben werden eben beschnitten, bis die zwei Beträge für Unvorhergesehenes und für das Sparbuch, wenn der letztere auch etwas klein ist, übrig bleiben.

Damit ist der Voranschlag fertig, und die Hausfrau weiß, *wieviel* Geld sie ausgeben darf und *wofür*. Sie weiß, daß sie mit ihrem Geld gut ausreicht, wenn es auch manchmal schwer gehen möchte; am Ende des Jahres hat sie alles Nötige angeschafft, ohne einen Pfennig Schulden gemacht zu haben.

Die Führung des Haushaltungsbuches besteht im Aufschreiben aller Einnahmen, besonders aber aller Ausgaben. Die Hausfrau braucht jedoch nicht den ganzen Tag mit Feder und Papier in der Hand umherzugehen. Während des Tages zeichnet sie die Ausgaben auf eine Tafel auf, die im Wohnzimmer etwa über dem Nähtische hängt, und abends werden sie in das Haushaltungsbuch, das gebunden oder wenigstens ordentlich geheftet ist, und dessen Seiten entsprechende Rubriken haben, eingetragen, zuerst unter die einzelnen Titel und dann, zusammengezählt, in die Abteilung „Summe der Ausgaben". Am Ende des Monats wird, wie jeden Abend Tagesabschluß, der Monatsabschluß gemacht. Es werden sämtliche Einnahmen und sämtliche Ausgaben addiert und letztere von den Einnahmen abgezogen; ebenso wird der Abschluß am Ende eines Jahres gemacht. Damit ist die Führung des Haushaltungsbuches jedoch noch nicht abgeschlossen. Die Hausfrau soll sich jeden Monat, jede Woche, jeden Tag überzeugen, ob die Summen des Haushaltungsbuches gleichen Schritt halten mit den Summen des Voranschlages.

Ist irgendwo eine Überschreitung vorgekommen, so macht diese eine künftige Einschränkung erforderlich. Bei Zweifeln über doppelte Zahlungen oder sonstige unrichtige Verausgabungen des Geldes, ebenso bei Mißstimmungen, die in Sicht kommen und zur Ursache Gelddifferenzen haben, wird das Haushaltsbuch zu Rate gezogen; Dienstboten werden damit kontrolliert — kurz, die häusliche Buchführung ist der Hauptfaktor, ja das Fundament für eine ersprießliche Haushaltsführung, und ich glaube nicht allzuvielem Kopfschütteln zu begegnen, wenn ich noch einmal sage: Es gibt im ganzen Haushalt kein Geschäft, das sich so sehr lohnt wie das tägliche Aufschreiben einiger Ziffern und das häufige Vergleichen derselben.

Das Haushaltsbuch

Einstellung von Dienstpersonal

Fleißige, zuverlässige und sparsame Dienstboten sind ein wahrer Segen für das Haus. Sie betrachten sich als zur Familie gehörig, wirken und sparen für diese wie Mutter und Tochter. Auf die Kinder üben sie den wohltätigsten Einfluß aus, sie sind die Freude aller. Jede Hausfrau ist deshalb bestrebt, nur rechtschaffene, für emsige, häusliche Tätigkeit zugängliche Dienstboten in ihr Haus zu bekommen, und die richtige Hausfrau versucht, solche Dienstboten so lange wie möglich zu halten und sie gleichsam als Mitglied der Familie zu betrachten. Sie weiß, hier ist eine ihrer besten Gelegenheiten zum Sparen. Betrachten wir nun einmal näher, wie die sparsame Hausfrau in dieser Beziehung zu Werke geht.

Die sparsame Hausfrau nimmt keinen Dienstboten, wenn sie keinen braucht. Eitelkeit und Vornehmtuerei können sie nicht dazu verleiten — auch ihr Vermögen nicht, wenn es nicht außerordentlich hoch ist. Hat ein Dienstmädchen jährlich auch nur 80 Mark Lohn, so kommt es jährlich, billig gerechnet, mit Kost und Wohnung doch auf 400 Mark. Das ist der Jahreszins von 13.000,— Mark bei 3 Prozent. Hat also eine Hausfrau 13.000,— Mark bares Vermögen, so reichen die Zinsen doch zu nichts Weiterem, als ein Mädchen zu halten. *Arbeit schändet nicht!* — das weiß die sparsame Hausfrau gar gut, und sie hält auch ihre Tochter zu mancher Arbeit an, die anderwärts für die Magd bestimmt ist. Mancher Hausfrau genügen auch eine *Ausläuferin* und *Aushilfe* im Putzen und Waschen. Sie spart dadurch an Kost und Lohn für ein Mädchen jährlich reichlich 200 Mark, macht in 20 Jahren bare 4000 Mark!

Kommt aber die sparsame Hausfrau in die Lage, ein Dienstmädchen nehmen zu wollen, so macht ihr die Wahl eines solchen nicht sonderlich viel Qual. Für sie steht fest, nur in einem ordentlichen Hause ein gutes Mädchen zu finden. Mädchen, die keine Hausarbeit und keine Hausordnung kennen, wissen auch nichts über den Wert der Dinge. Sie werfen Überbleibsel weg, vergeuden und verderben manches, ohne zu ahnen, daß es anders sein sollte. Sie haben alle vier Wochen eine andere Herrschaft. Die kluge Hausfrau schaut auch auf ein paar Mark nicht, die

Die Besprechung des Küchenzettels

das Mädchen aus dem geordneten Hause vielleicht als Lohn mehr verlangt. Die paar Mark kommen zehn-, ja hundertfach wieder ins Haus.

Hat dann die gewissenhafte Hausfrau ein tüchtiges Mädchen, so sucht sie es so lange wie möglich zu behalten. Sie ist ihm Vorbild durch tadelloses Leben, hauswirtschaftliche Tüchtigkeit und strengste Pflichterfüllung. Sie sagt nicht: Mit diesem Hut muß man sich schämen, mit dir auszugehen. Sie schenkt ihm kein feines Kräglein, keine abgelegten Glacéhandschuhe. Sie hält bei ihm auf warme, reichliche Unterkleider, auf einen einfachen, standesgemäßen Anzug und aufs Sparen. Sie legt ihm selber den ersten Sparpfennig ins Sparbüchlein.

Sie bringt ihm Vertrauen entgegen, schließt das Brot nicht vor ihm weg, gibt ihm reichlich und kräftig zu essen, Essen vom Familientisch. Sie hält es zum Kirchenbesuche an, ganz gleich ob es ihrem Glauben oder einem anderen angehört, gibt ihm freie Stunden, wie auch Zeit, seine Hemden selbst zu waschen, seine Strümpfe selbst zu stopfen usw. Sie führt es nicht bloß in den Vorhof, sondern in das Allerheiligste des Tempels der Kochkunst, sie zeigt ihm vor allem, wie man auch mit wenig Geld ein kräftiges, bürgerliches Essen herstellen kann, sie überzeugt es, daß das wichtiger ist als das Garnieren feiner Braten. Sie imponiert ihm durch ihre Tüchtigkeit und Pflichterfüllung. Und dadurch pflegt sie bei ihrem Mädchen den Sinn für Bescheidenheit, Einfachheit und Sparsamkeit, lehrt es sich als zum Hause gehörig zu betrachten, lehrt es für die Familie zu leben, zu wirken und zu sparen — zum Segen für das Mädchen, zum Segen für die Familie!

Das Säubern von Kochgeschirr

Um angebrannte Kochgeschirre gegen ungewöhnlichen Verschleiß zu schützen, ist es ratsam, diese nicht sogleich zu säubern, sondern darin zunächst ein halbeigroßes Stück *Soda* in einer Handhoch Wasser bei ganz dichtem Verschluß etwa 10 Minuten kochen zu lassen.

Auf diese Weise löst sich das Angesetzte vollständig, und die Geschirre kann man auf ganz bequeme Art, am besten mit einem eigens dazu in Bereitschaft gehaltenen kleinen *Piassavabesen* reinigen. Diese Besen reinigen Kochgeschirre überhaupt am allerbesten und bleiben bei sofortiger Abspülung immer sauber und nehmen keinen Geruch an.

In der Regel wird von obengenannter, zweckmäßiger Methode des Aufweichens kein Gebrauch gemacht, sondern in solchen Fällen mit allen möglichen scharfen Gegenständen, mit Messer, eiserner Reinigungskette usw. in den zu reinigenden Geschirren gekratzt, geschabt und herumgewirtschaftet, daß es für nervös veranlagte Personen zum Davonlaufen wäre, schon des schwer anzuhörenden Geräusches wegen — und erst die armen, malträtierten Geschirre! Sie sind nach solcher mehrmaliger Reinigung unbrauchbar.

Ob sie nun innen verzinnt, emailliert oder glasiert sind, dieses Kratzen und Schaben mit scharfen Gegenständen verdirbt alles. Besonders bei Emaille oder Glasur hat die geringste Verletzung zur Folge, daß es darin Sprünge gibt und die Glasur schließlich abbröckelt. Man soll überhaupt niemals einen Kochtopf antrocknen lassen, bevor er gereinigt wird. Kann die Reinigung nicht sofort vorgenommen werden, so gieße man ein wenig Wasser hinein und lasse den Topf fest verschlossen auf dem warmen Herd. So erhält der entstehende Dampf das Innere ganz weich, und das Geschirr kann gereinigt werden, ohne im geringsten beschädigt zu werden.

Fensterputzen ohne Mühe

Zeit ist Geld, das ist eine alte Weisheit, darum, wer Zeit spart, spart auch Geld. In einem Haushalt mit einer oder gar keiner Hausangestellten sollte diese Weisheit erst recht beherzigt werden. Welch eine Zeit wird gebraucht, wenn z.B. die Staatsaktion des Fensterputzens an die Reihe kommt, um trotz aller Wasser- und Spiritusströme bei ungeschickten Händen doch nur ein mangelhaftes Resultat zu erzielen. Für diesen und manchen andern Fall steht der Hausfrau ein zwar wohlbekannter, aber noch lange nicht genug genutzter „Diener" zur Verfügung, der mit märchenhafter Schnelligkeit eine Reihe von Spiegelscheiben blitzblank und tadellos putzt und dabei so billig ist: *das Reinigungsbenzin.*

Es riecht nicht gut, das ist wahr, es ist auch namentlich bei hellen Kleiderstoffen oft nur ein zweifelhafter Helfer, aber es hat dabei neben der Billigkeit (wenn man's vom Drogisten bezieht), so viele Vorzüge, daß es wirklich unentbehrlich ist. Ein Lappen mit Benzin angefeuchtet, reinigt in kreisförmiger Bewegung geführt, die schmutzigsten Fensterscheiben ohne Anstrengung in Blitzesschnelle, doch gebe man acht, daß nicht zu große Flächen auf einmal bearbeitet werden. Das Benzin löst den Schmutz sofort auf, und man hat nur mit einem reinen Lappen sogleich nachzureiben, um Spiegelglanz zu erzielen. Die Sonne darf während der Arbeit getrost auf die Scheiben scheinen, und auch der Frost tut ihr keinen Abbruch. In gleicher Weise werden Spiegel schnell und vollständig gereinigt und geputzt.

Hat der dienende Geist die matten Lampenglocken mit Petroleumfingern angefaßt, so ist ein umständliches Waschen, Abseifen und Trocknen ganz überflüssig: mit einem reinen, in Benzin getauchten Lappen reibt man über die garstigen Flecken, und Fett und Staub verschwinden in kurzer Zeit vollständig.

Auch begriffene und fettige Türen, die sehr häßlich sind und eine Sintflut von Wasser und Seife erfordern, reinigt das Benzin schnell, ohne irgendeinen Apparat und ohne Spuren zu hinterlassen — der Verbrauch ist da wie dort so gering, daß es Seife, Mühe und Zeit spart und kaum in

Berechnung dagegen kommt. Daß man Benzin seiner Feuergefährlichkeit wegen nicht bei offenem Licht, sondern nur bei Tage verwenden soll, bedarf immer wieder besonderer Erwähnung.

Man mache den Versuch in der angedeuteten Weise, und man wird sich überzeugen, wie schnell und gut man damit arbeiten kann, und der sparsame Diener wird vielen unentbehrlich werden.

Großes Blumenfenster vom Zimmer aus gesehen

Sparsame Pflege von Holzfußböden

Wie schön sind gebohnerte Fußböden, wie sauber und elegant lassen sie das ganze Zimmer erscheinen, aber wie teuer sind sie auch, fügt manche sparsame Hausfrau in Gedanken hinzu und nimmt seufzend Abschied vom schönen Traum, ihre häßlichen, fleckigen Dielen in glänzendem Bohnerwachs erstrahlen zu sehen.

Ein Bohnerer verlangt für seine Arbeit drei Mark, eine Bohnerbürste kostet zehn Mark, die Dosen mit aufgelöstem Bohnerwachs sind auch nicht umsonst. Nein, einen solchen Luxus kann sich eine sparsame Hausfrau kaum erlauben. Ich könnte es natürlich auch nicht, wenn ich mir nämlich einen Bohnerer engagieren wollte und dazu gar eine Bürste zu 10 Mark anschaffen, ohne die das Bohnern absolut nicht gehen sollte, wie mir neulich solch ein Herr versicherte. Wenn er jedoch unseren spiegelglatten Salon sähe, würde er sich schon überzeugen lassen, daß es auch ohne Bürste geht. Er würde ein sehr verblüfftes Gesicht machen, wenn ich ihm dann verriete, wie wenig mich das Bohnern meines Salons kostet.

Ich kaufe für 20 Pfennig gelbes Bohnerwachs in der Drogerie, schneide es mit dem Küchenmesser in winzig kleine Stückchen, löse diese mit 30 Pfg. Terpentinöl auf einem Teller auf und stelle es in einem Tiegel mit kochendem Wasser auf den Herd oder Gaskocher. Wenn das Wachs zu schmelzen beginnt, rühre ich es mit einem Holzspänchen um und nehme den Tiegel vom Feuer, sobald Bohnerwachs und Terpentin sich zu einem flüssigen Brei vereinigt haben. Darauf gebe ich unserem Dienstmädchen einen reinen, wollenen Lappen in die Hand. Diesen taucht sie in den Tiegel und bestreicht mit dem flüssigen Bohnerwachs den Boden. Sollte das Wachs wieder erstarren, so stellt man es noch einmal auf das Feuer und gießt noch einige Tropfen Terpentinöl dazu. Ist das Zimmer fertig gestrichen, so läßt man das Wachs auf den Dielen 3—4 Stunden trocknen. Dann tritt die Scheuerfrau in Tätigkeit. Mit einer ganz gewöhnlichen Scheuerbürste zu 25 Pfennig, in jedem Bürstengeschäft erhältlich, bürstet sie die Dielen so lange, bis diese spiegelglatt sind.

Unser dienstbarer Geist braucht zu unserem 5 Meter langen und 4 Meter breiten Salon zwei Stunden Zeit. Da die Stunde Arbeit den Scheuerfrauen mit 10 Pfennig bezahlt wird, so kostet das Bohnern des Salons alles in allem 95 Pfennig!

Läßt man täglich mit einem wollenen Tuche den Boden aufpolieren, so braucht man das Bohnern nicht vor einem halben Jahr wiederholen zu lassen.

Ein strahlender Fußboden verfehlt seine Wirkung nicht

Etwas über Fleckenentfernung

Die schönsten Kleider und teuersten Wäschestücke werden oft unbrauchbar gemacht durch einen einzigen Flecken. Ist die Fleckenmanie irgendwo eingerissen, so ist es, als sei ein böser Geist im Haus, der darauf ausgeht, alles was sich vorfindet: Böden, Möbel, Teppiche, Vorhänge, Kleider, Wäsche, kurz alles anzugreifen.

Die sorgsame Hausfrau wacht deshalb peinlichst darüber, daß Flecken möglichst vermieden werden. Denn zu vermeiden sind sie leichter als zu entfernen. Hat sich aber dennoch so ein Unhold irgendwo niedergelassen, so rückt sie ihm sofort zu Leibe — *denn frische Flecken sind meist spurlos zu beseitigen, alte aber sind oft untilgbar!* In der Kunst, Flecken zu vertreiben, ist die Hausfrau, die ihre Sachen in Stand zu halten versteht, wohl erfahren. Es gibt keinen Flecken, für den sie nicht ein Mittel hat, und zwar nicht bloß in diesem oder jenem Buche oder im Kopf, sondern zur Hand.

Fettflecken übergießt sie mit *Benzin,* reibt die Stelle mit Flanell, dabei die Unterlage wechselnd, bis diese nicht mehr schmutzig wird, wäscht dann den Flecken aus und bügelt die Rückseite feucht. Sind *Fett-* oder *Ölflecken* auf *Baumwollstoffen,* so wäscht sie die Stelle mit lauwarmem *Seifenwasser;* die geeignetste Seife hierzu ist *Gallseife.*

Stearin und *Wachs* bedeckt sie mit Fließpapier, überplättet es mit dem heißen Bügeleisen, wobei das Fließpapier bei jedem Strich anders gelegt wird, und wäscht dann die Flecken mit wasserfreiem *Spiritus.*

Bei *Tinten-* und *Rostflecken* ist die Arbeit etwas schwierig. Sie gelingt am besten, wenn die Flecken gut eingewässert, dann mit *Kleesalz* bestrichen und gründlich ausgewaschen werden. Kleesalz ist ein Gift und deshalb sorgfältig aufzubewahren. Bei *baumwollenen* Stoffen kann auch wiederholtes Auswaschen mit gelöster *Zitronensäure* gute Dienste leisten.

Ölfarb- und *Harzflecken* gehen leicht mit *Terpentin* heraus. Flecken von *Rotwein* und *Bier* verschwinden nach gründlichem Waschen mit warmem Seifenwasser oder verdünntem *Salmiakgeist.*

Kaffee- und *Milchflecken* entfernt man mit einer Mischung aus Wasser und Glyzerin, *Fettflecken* nicht nur mit *Benzin* und *Kleesalz,* sondern auch mit *Salmiak.*

Doch kann ich aufhören mit dem Auskramen weiterer Dinge dieser Art — Hauptsache ist, daß die Hausfrau einen Anfang macht! Sie wird bald den großen Nutzen des Vertreibens der Flecken als bare Münze in ihren Händen haben, und das Interesse für die Sache macht sie besser darin bewandert, als alle Belehrung es vermag.

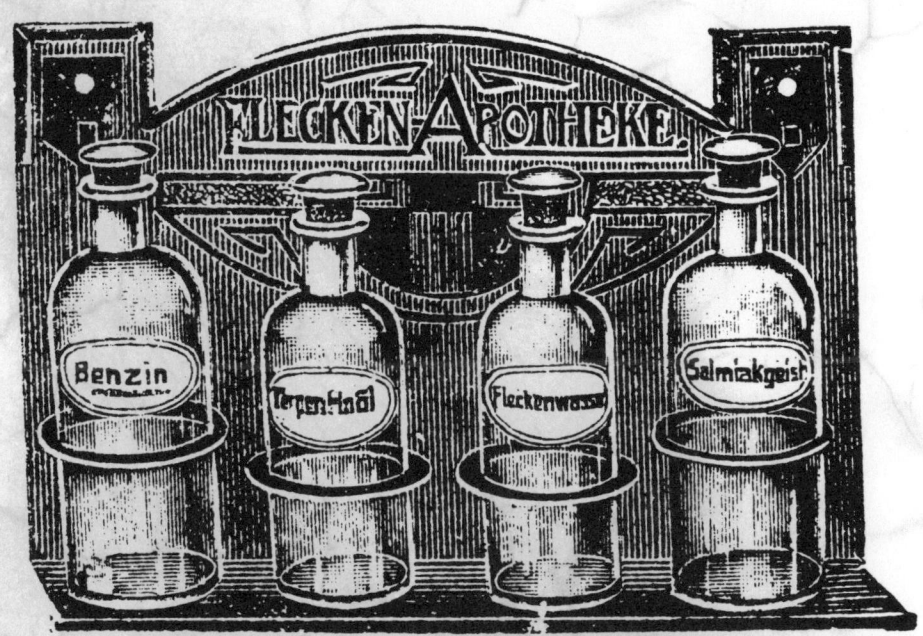

Die praktische Fleckenapotheke für jeden Haushalt

Von der richtigen Schuhpflege

„Sind denn die Sohlen schon wieder durchgelaufen, Junge?" ruft entsetzt die Mutter aus, als ihr Karl die zerrissenen Stiefel präsentiert, die erst vor drei Wochen frisch gerichtet wurden. Und der Vater schlägt wohl die Hände über dem Kopf zusammen über die hohen Schuhmacherrechnungen und jammert, daß man überhaupt nicht mehr vom Schuhmacher wegkomme.

Solche Klagen hört man allgemein, sie sind in der Stadt nur zu berechtigt. Und doch läßt sich auch an diesem Teil unserer Kleidung sparen, wenn man nur das Schuhwerk richtig behandelt. Nicht genug, daß man von Zeit zu Zeit das Oberleder reinigt und hierauf gut einfettet, man muß auch die Sohlen präparieren, um ihnen dadurch eine viel größere Haltbarkeit zu verleihen. Das einfachste Mittel hierzu ist Leinöl, doch verwendet man auch Firnis und andere Fette. Die frischen Sohlen werden mit Leinöl getränkt, indem man es mit einer Bürste aufstreicht oder mit einem Läppchen einreibt. Das poröse und ganz trockene Leder saugt das Öl mit großer Schnelligkeit auf, man kann den Vorgang mehrmals, am besten in größeren Zeiträumen, wiederholen und wird finden, daß das Leder bedeutende Mengen des Öles in sich aufnimmt. Hierauf empfiehlt es sich, das Schuhwerk einige Tage stehen zu lassen, damit das Öl recht gut eintrocknet. Auf diese Weise erzielt man einen doppelten Nutzen:

So behandeltes Leder wird sehr geschmeidig und elastisch und kann dadurch vom rauhen Straßenpflaster lange nicht mit der Schnelligkeit abgerieben werden wie sonst die trockene, spröde Sohle. Außerdem ist diese aber noch vollständig wasserdicht geworden, da ihre Poren mit Öl gefüllt sind, und somit imstande, den Fuß viel wärmer zu halten als eine wasserdurchlässige Sohle.

Die durch diese Behandlung erzielte längere Haltbarkeit der Sohlen ist doch beträchtlich und daher auch die Anwendung dieses so einfachen Mittels bestens zu empfehlen!

Tafel I Schuhformen

Antike Sandale

Sportsandale

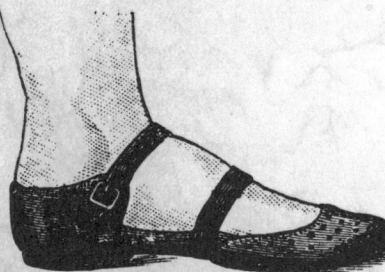

Moderne Sandale

Flechtschuh

Trikot-Wollschuh mit Lederbesatz
für die kalte Jahreszeit

Moderner Hackenschuh wie er
nicht sein sollte

Das Färben von hellen Kleidern

Wohl manche von unseren lieben Leserinnen besitzt das eine oder andere helle Sommerkleidungsstück, das wegen seines verwaschenen Aussehens nicht mehr zu tragen ist. Sehr leicht kann man nun solche Sachen, namentlich weiße Kleider aus den verschiedensten Stoffen, wieder brauchbar machen, indem man sie etwas auffärbt. Ich verwende auf diese Weise meine Sommerkleider, die ich aufgefärbt zu Kinderkleidchen umarbeite.

Dabei sparen wir schon dadurch, daß wir die getragenen Sachen nicht einfach wegwerfen, sondern wieder nutzbar machen — doch wollen wir mit dem Sparen noch weiter gehen! Die ganze Sache soll uns weiter nichts kosten als etwas Arbeit. Ich nehme an, liebe Leserin, daß du dich gern der Mühe unterziehst, mir bei meiner Arbeit zu folgen:

Während des ganzen Jahres hebe ich mir von den *Zwiebeln*, namentlich von den *dunkelroten*, die ich in meinem Haushalt brauche, die Schalen auf. Habe ich nun z.B. ein Kleid, ein Tuch, oder sonst irgendeinen Gegenstand, dem ich gern eine andere Farbe geben möchte, so nehme ich entsprechend dem Quantum an Stoff mehr oder weniger Zwiebelschalen, bringe diese in einen Topf zum Kochen, lasse sie etwa 1/2 Stunde kochen und schütte dann die Brühe durch ein Sieb, da keine Schalen darin verbleiben dürfen. Diese könnten sonst mit dem Stoff in Berührung kommen und dunklere Flecken erzeugen. Diese Brühe verdünne ich etwas mit heißem Wasser, je nachdem, ob ich einen helleren oder dunkleren Farbton wünsche, bringe sie zum Kochen und lege dann die Stoffe, die vorher angefeuchtet sein müssen (jedoch nicht zu naß), ziemlich glatt in die Brühe und lasse das Ganze noch etwa 1/4 Stunde kochen; setze dann den Topf ab und lasse die Stoffe in der Brühe erkalten. Danach spüle ich sie mehrmals in klarem, kaltem Wasser aus und bringe sie auf Latten an der Luft zum Trocknen.

Auf diese Weise kann ich eine Farbe erzielen, die vom hellen Creme bis zum Dunkelgelbbraun spielt, je nach Quantum der benutzten Schalen. Das Angenehme ist dabei, daß die Sachen nicht im mindesten ab-

färben. Die Brühe kann man auch noch zu einer zweiten Färbung verwenden, sie gibt aber dann einen entsprechend helleren Farbton. Pro-
biert's nur einmal, gar bald wird's euch gelingen! Eine ähnliche Farbe
kann man auch erzielen, wenn man die Brühe der abgekochten, grünen
Schalen der *Walnuß* nimmt. Diese Farben gehen jedoch etwas mehr ins
Gelbgrün über.

Aufgeräumter Kleiderschrank mittlerer Größe

Frische, neue Seife aus Seifenresten

Das Jahr ist lang, und sehr, sehr viel wird im Jahre verbraucht und verwirtschaftet. Wieviel wird allein in den 365 Tagen an Seife verbraucht! Wenn man berechnet, daß von jedem einzelnen Stücke ein oder mehrere Brocken übrig bleiben, mit denen man nichts anzufangen weiß — wieviel geht da zugrunde!

„Stecken wir die Seifenbrocken ins Waschfaß!" heißt's da. Es geschieht, und dennoch wird noch ebensoviel Seife wie gewöhnlich bei der Wäsche verbraucht. Man tut viel besser, die Brocken zu sammeln, sowohl die von der Toiletten- als auch die von der Wasch- und Scheuerseife.

Man wirft sie in einen großen alten, aber noch gut erhaltenen Topf oder Kessel. Ist er vielleicht zu einem Drittel gefüllt, so breitet man in einem weißen Spankorb ein Tuch oder eine alte Schürze, füllt diese dreiviertelvoll mit Holzasche und setzt den Korb auf ein entsprechend großes Gefäß. Dann gießt man lauwarmes Wasser auf die Asche. Das Wasser sickert langsam hindurch, verbindet sich dabei mit der guten Pottasche und gibt eine gute, gesunde Lauge.

Mit dieser läßt man die Seifenbrocken ein bis zwei Stunden kochen und tut zum Schlusse einige Tropfen Lavendel-, Mandel- oder sonst ein ätherisches Öl daran, läßt das Ganze im Topfe erkalten, nimmt dann den Boden Seife, welcher sich in der Größe des Topfes über der Lauge gebildet hat, und schneidet beliebige Stücke daraus.

Die Güte dieser Seife ist durch den Zusatz von Pottasche wirklich ausgezeichnet geworden. —

Will man sich die Arbeit mit der Lauge nicht machen, und ist es einer Hausfrau nur darum zu tun, ihre Seifenabfälle einfacher zu verwerten, so läßt sie diese in einem kleineren Topfe oder Büchse bei gelindem Feuer zergehen und dann erkalten. Auf diese Art ist sie dann auch als Stückseife zu verwerten.

Petroleumgespeister „Grätzkocher" mit Aufsatz für 2 Töpfe

Wie spare ich Heizungsmaterial?

Bangen Herzens wird wohl manche Familie dem Nahen des Winters entgegengesehen haben; denn durch Ursachen verschiedener Art entstand bei uns eine Kohlennot und Kohlenteuerung, wie sie größer wohl lange nicht dagewesen ist. Die Preise stiegen derartig in die Höhe, daß viele Familien immer noch zögerten, ihren Bedarf für den Winter zu decken, bis sie schließlich einsahen, daß ein Fallen der Kohlenpreise vorläufig nicht zu erwarten war. Doch nun war guter Rat teuer; trotz guten Geldes waren diese „schwarzen Diamanten" kaum zu erhalten, so daß viele Familien nun versuchen mußten, mit einem geringen Vorrate durch den Winter zu kommen. Die Frage: „Wie spare ich Heizungsmaterial?" ist daher wohl am Platze und äußerst zeitgemäß. Ich will im nachfolgenden einige Winke geben, die äußerst einfacher Art sind, so daß sie in jedem Haushalte ohne irgendwelchen Kostenaufwand ausgeführt werden können.

Schon von selbst wird eine jede Hausfrau jetzt bemüht sein, möglichst sparsam mit den Kohlen umzugehen. Wie versuchen es aber so viele? Da gibt es zunächst Haushaltungen, in denen man kein genügend erwärmtes Zimmer vorfindet, kein einziger Raum ladet zum gemütlichen Beisammensein ein. Daß solch ein Sparen an Heizungsmaterial keineswegs empfehlenswert und zur Nachahmung geeignet ist, wird wohl jedem klar sein; denn nicht nur allein die Annehmlichkeiten des eigenen Heims werden zerstört, sondern eine Schädigung der Gesundheit der Familienglieder kann leicht die Folge dieses Verfahrens sein.

Weit häufiger als die angegebene Art und Weise zu sparen ist ein Brauch, der, unbewußt seiner Nachteile, gerade jetzt viel angewendet wird. Ängstlich bemüht sind jetzt viele, die Fenster geheizter Zimmer stets geschlossen zu halten, damit, wie sie sagen, die Wärme nicht aus den Räumen entweicht. In solch fest verschlossenen Stuben entsteht bald eine äußerst schlechte Luft, die nicht nur der Gesundheit schädlich ist, sondern sich auch sehr schlecht erwärmen läßt. Viel schneller erhält

Auch das richtige Heizen will gelernt sein

man ein warmes Zimmer, wenn man die verbrauchte Luft durch reine, frische ersetzt. Die Erneuerung der Luft vollzieht sich am besten durch Öffnen der Fenster und der Tür. Der entstehende Luftzug beseitigt schnell die alte Luft und füllt den Raum mit neuer, frischer, die sich in kurzer Zeit erwärmt.

Heizungsmaterial verschwenden viele aber auch dadurch, daß sie auf die Kohlenglut direkt wieder neue Massen schütten. Die nun sich entwickelnden Gase, die ebenfalls Heizkraft besitzen, strömen fast ungenutzt zum Schornstein hinaus. Will man sich diese nutzbar machen, so bringe man die Kohlen nach möglichster Beseitigung der Glut ganz vorne auf den Rost. Die jetzt allmählich entstehenden Gase gelangen zur Mitte, entzünden sich und geben ihre Heizkraft ab. Ein in dieser Weise geheizter Ofen gebraucht weniger Feuerungsmaterial und kann bei ordnungsmäßiger Behandlung sehr schnell Wärme abgeben. Alle Haushaltungen, die derartig verfahren, sind vom Vorteil dieser Methode vollständig überzeugt und empfehlen diese überall.

Wer also in dieser teuren Zeit Heizungsmaterial sparen will, der beachte die angedeuteten Ratschläge. Ein mehrmaliger Versuch wird sicher lehren, daß durch Anwendung dieser unscheinbaren Mittel wirklich gespart wird. Man hat also auch in dieser Beziehung im Haushalte Gelegenheit zum Sparen!

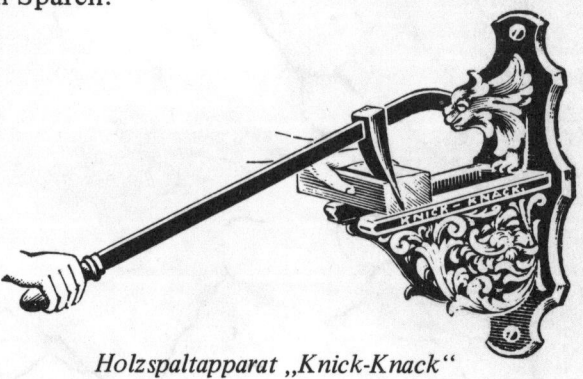

Holzspaltapparat „Knick-Knack"

Verwertung von
Kartoffel- und Apfelsinenschalen

In den Städten ist das Feueranzünden wahrlich mit mehr Umständen und Unkosten verbunden, als auf dem Lande. Da liefern Bäume und Hecken das nötige Kleinholz, und an Stroh ist durchaus kein Mangel. Aber auch in den Städten will der Kamin rauchen, und alles, was den Schornstein hinaufzieht, hat Geld gekostet. Große Ersparnisse sind hier nicht zu erzielen, wohl aber kleine, und weil sie sich doch täglich wiederholen, machen sie schnell ein Bedeutendes aus.

In eurer Haushaltung werden täglich *Kartoffeln* geschält. Was tut ihr mit den Schalen? Gewöhnlich wandern sie denselben Weg, den die Asche nimmt. Die Schalen aber lassen sich trocknen und sind dann ein vorzügliches Mittel zum Anzünden des Feuers. Im Sommer trocknen die Schalen leicht, im Winter machen sie mehr Schwierigkeiten. Um sie aber im ganzen Jahre leicht zu verwerten, würde ich sie in einer großen, flachen Kiste sammeln, wo sie Zeit zum Trocknen haben. Wer aber eine Kiste nicht gerne im Wege stehen hat, der lege die Schalen abends in den Backofen seines Herdes — dann kann er sie morgens trocken in einer Kiste einsammeln.

Aber noch einfacher ist es, die abends zum Trocknen eingelegten Schalen am andern Morgen gleich zu verwerten. Sie brennen so gut wie Stroh. Das Holz ersetzen sie freilich nicht. Denselben Zweck wie die Kartoffeln erfüllen in noch größerem Maße die Schalen der *Apfelsinen,* der *Äpfel* und *Birnen*. Diesen wie auch den Schalen der *Walnüsse* ist ein geringer Ölgehalt eigen, der sie zu vorzüglichen Brennstoffen macht.

Kartoffel- und Obstschälmaschine

Nützlicher Gebrauch von Holzwolle

Wenn das Kernobst im Herbste von den Bäumen genommen wird, dann ist es wieder der sparsamen Hausfrau Aufgabe, das Obst für den Winter sorgfältig zu verwahren, um es vor Frost oder Verderben zu schützen.

Ein recht billiges Mittel, das Obst gut aufzubewahren und zu erhalten, ist Holzwolle, die als vorzügliches Verpackungsmittel jedem bekannt ist. Man sollte Holzwolle also nicht verbrennen, sondern sie zum Schutze des Obstes in der kalten Jahreszeit benutzen. Man belegt den Boden mit einer Schicht von 3—4 Zentimetern und bereitet so die Unterlage für das aufzuhebende Obst vor. Hierauf legt man das Obst in Reihen einzeln nebeneinander und bedeckt es bei Frostwetter mit einer weiteren Schicht Holzwolle. Die Stärke der Schicht muß man der Temperatur entsprechend einrichten. Es werden bis zu 10 Ztm. genügen, wenn die Temperatur im Aufbewahrungsraume bis zu 8 Grad sinkt. Das Obst liegt auf der Holzwolle luftig und trocken und hält sich ausgezeichnet. Die Holzwolle zieht keine Feuchtigkeit an und wirkt vermöge ihres Tannin-Gehaltes *antiseptisch*. Sie kann jahrelang benutzt werden.

Im gärtnerischen Betriebe kann Holzwolle noch zu anderen Zwecken ganz vortrefflich ihre Verwendung finden. So leistet sie z.B. auch in der *Erdbeerenkultur* gute Dienste, und das besonders sparsam, da 1 kg. Holzwolle für etwa 20 Pflanzen ausreicht, und man das Material mehrere Jahre benutzen kann, wenn man es nach der Ernte auswäscht und bis zum nächsten Jahr trocken aufbewahrt. Man umlegt nämlich die Erdbeerpflanzen mit Holzwolle, um die Früchte gegen Schmutz und Fäulnis zu schützen, und diese Mühe lohnt sich reichlich. Auf der Holzwollunterlage halten sich die Früchte stets sauber und trocken. Den Bedarf kleiner Mengen kann man leicht von Kaufleuten beziehen,, welche die Holzwolle als Verpackungsmaterial erhalten. Ist aber das Obst geschützt und vor dem Verderben aufbewahrt, dann ist gewiß die Frage: „Wie kann ich sparen?" durch meinen Bericht mindestens in einem Punkte beantwortet.

Buchführung auf der Reise

Seit etwa drei Jahren habe ich mir ein kleines Büchlein mit fester Decke angelegt, um die Ausgaben von meiner Familie und mir während der Reise gewissenhaft zu verzeichnen. Jede, auch die kleinste Ausgabe wird täglich eingeschrieben. Es ist sehr angenehm und nützlich, nachträglich genau zu wissen, was eine Badekur oder eine Vergnügungsreise gekostet hat; man hat ein besseres Urteil darüber, ob diese Ausgabe wiederholt gestattet ist, oder inwiefern sie billiger oder praktischer eingeteilt werden könnte.

Alsdann ist es von Wichtigkeit, sich die Preise für Fuhrwerk, Nachtquartier, Miete, Wäsche, Bedienung, Trinkgelder usw. und auch von benötigten Nahrungsmitteln genau aufzuzeichnen. So ist man geschützt vor mancher Übervorteilung.

Es lassen sich in dem Büchlein auch kleine Bemerkungen anbringen, mit denen man manchem aushelfen kann, z.B. billige und gute Wohnungsvermieter, Geschäfte und Gewerbetreibende, ebenso ein Verzeichnis von Gebrauchsgegenständen, die man an diesem oder jenem Orte einkaufen sollte.

In dem Büchlein finde ich immer noch ein Plätzchen für ein kleines Tagebuch, worin ich abgekürzte Bemerkungen mache, über größere oder kleinere Begebenheiten, was mir später manchmal sehr zustatten kommt, da man derartiges meistens sehr schnell vergißt.

Mein Reisegeld, welches aus Papier besteht, trage ich in einem kleinen Täschchen wie die Soldaten auf der Brust an einer Schnur um den Hals befestigt. Das Gold verteile ich in verschiedenen Taschen meines Kleides und im Handgepäck, so daß bei einem Verlust mir nie die ganze Summe abhanden käme.

Zur Ernährung-frage

Sparsamkeit in der Küche

Das rechte Sparen in der Küche besteht darin, daß alle Lebensmittel ihre richtige Verwendung finden und nach Möglichkeit gänzlich genutzt werden. Niemals sollte man Sachen für einen billigen Preis kaufen, die geringen Wert haben, sondern lieber den hochwertigen den Vorrang geben; jede Speise ist aufs genaueste gut zuzubereiten, damit diese von den Tischgenossen nicht zurückgewiesen wird und nichts verdirbt!

Aufgewärmtes, in derselben Form auf den Tisch gebracht, wird selten gern gesehen, aber manches kann, auf andere Weise verwertet und richtig zubereitet, dem hungrigen Magen wieder neu und hochwillkommen sein.

Manches übriggebliebene *Gemüse* kann eine Suppe rund und wohlschmeckend machen. *Kartoffelreste* werden gebraten und zu Klößen verarbeitet, auch in Kartoffelsuppe, Hülsenfruchtsuppe oder Mus können sie unbeschadet des Wohlgeschmacks mitverbraucht werden, wenn man das Gericht nur durch ein Sieb rührt. Aus trockenen *Brotresten* macht man eine Suppe oder, kalt geweicht und mit der Reibekeule zerrieben, eine Einlage in Bierkaltschale. Geröstet und zerkleinert geben sie einer Wild- und Gemüsesuppe Rundung, Kraft und Farbe — einer Bratensauce desgleichen. Aus altem *Weißbrot* macht man Klöße oder Pudding. *Kalbsbratenreste* können in die Pfanne geschnitten und mit überschlagenen Eiern zu einer guten Schüssel hergerichtet werden. Trockene *Rinderbratenstückchen* kocht man in Suppe aus und verwendet sie dann für Frikadellen, Fleischmus oder Salat. *Geflügelklein* von Tauben oder Hähnchen (Hals, Magen, Herz) und *Knochen von gebratenem Geflügel* geben eine gute Suppe, ebenso die vom *Hasenbraten*, wenn man hieran viel Wurzelwerk, Röstbrot und ein Güßchen Wein tut. Das *Abkochwasser von Spargel und Blumenkohl* schmeckt ebenfalls sehr gut in Suppe.

Doch auch manches, was anscheinend schon ausgedient hat, kann in der Küche noch gut verwertet werden. Aus *leeren Schoten von jungen Erbsen* kann durch langes Kochen eine Brühe gewonnen werden, die zu

Eigener Herd ist Goldes wert

Extrakt eingedickt, aufbewahrt und später teelöffelweise an die Suppe gegeben, dieser den lieblichen, frischen Geschmack junger Erbsen verleiht. *Spargelschalen,* getrocknet und später in Bouillon ausgekocht, zaubern uns den Spargelgeschmack hinein. — Wenn in einem obstreichen Hause *Äpfel* getrocknet werden, können die Schalen gekocht und der Saft davon zu Gelee (mit Zucker und etwas Vanille) eingedickt werden. Aus *Apfelsinenschalen* kann man einen guten Extrakt zu Limonade gewinnen, wenn man sie klein geschnitten in einer Flasche mit Spiritus destillieren läßt. So gibt es noch mancherlei, dessen Aufzählung in diesem Kapitel zu weit führen würde.

Viel läßt sich auch in Küche und Haus sparen, wenn man wohl darauf achtet, daß weder *Feuerung* noch *Licht* unnötig verbraucht wird, was vielen Dienstboten nur sehr schwer beizubringen ist. Es ist billiger, ein neues Streichholz zu benutzen, als eine Lampe im leeren Zimmer brennen zu lassen, bis man etwa von einem Ausgang zurück ist. Morgens braucht das Feuer unter dem Herd nicht gleich angezündet zu werden, man kann ein Frühstück auf Gas, Petroleum oder selbst auf Spiritus billiger bereiten. Zugleich mit den Speisen können auf dem Herd oder in der Röhre Töpfe mit Wasser zum Spülen oder sonstigen Arbeiten aufgewärmt werden. *Plätteisen* sollten, wenn irgend angängig, möglichst beim Kochfeuer erhitzt werden. So kann das Feuer unter dem Herd mittags ausgehen. Wird aber spät gegessen und abends wieder warm, so ist es im Winter, wenn die Mädchen sich in der Küche aufhalten müssen, rätlicher, mit einigen Schaufeln Asche das Feuer zu dämpfen und am langsamen Glimmen zu halten, bis man es beim Gebrauch wieder anschürt. Das ist billiger, als erneut Holz zum Anmachen zu verbrauchen.

Stubenöfen müssen zu rechter Zeit mit einigen Briketts versehen und zugeschraubt werden — dann halten sie den ganzen Tag warm.

Mögen diese wenigen Winke die lieben Leserinnen anregen, nachfolgende Ratschläge intensiver zu studieren!

Elektrisch beheizte Kaffeekanne an der Deckenlampe angeschlossen

Der richtige Küchenzettel

Auch die richtige Zusammenstellung des Küchenzettels trägt zur Sparsamkeit bei. Hängt doch von der Art der Speisenzusammenstellung hauptsächlich der Wert einer Mahlzeit ab.

Wie sieht es aber mit der Auswahl der Speisen bei vielen unserer heutigen Hausfrauen aus, namentlich wenn sie vor ihrer Verheiratung noch keinen Kochtopf gehandhabt haben! Was wird da nicht alles überflüssig verschwendet durch die verkehrte Zubereitung, die von solchen jungen Kandidatinnen meistens nach dem erstbesten Kochbuch, das ihnen in die Finger gerät, vorgenommen wird. Aber noch mehr wird durch die *verkehrte Art der Speisenzusammenstellung* gefehlt. Die verschiedenartigsten Gerichte werden planlos zusammengewürfelt. Kein Wunder, daß es dem Hausherrn nicht munden will, obwohl seine bessere Hälfte versichert, sehr viel für die Küche ausgegeben zu haben. Die Aufstellung des Küchenzettels erfordert einiges Geschick, das erlernt sein will.

Tägliche Abwechslung ist in erster Linie geboten, da nichts eher ermüdet, als ewig dieselbe Speisenfolge. Eine praktische, sparsame Hausfrau wird diese Kunst bald verstehen und einsehen, daß sich durch reiche Abwechslung auch viel Geld sparen läßt. Abwechslung in den Speisen ist ebenso durch unsere Körperkonstitution geboten. Ein beherzigenswertes Wort, wozu die tägliche Erfahrung uns reichliche Belege liefert, sagt: „*Wer immer nur das Allerkräftigste genießen will, lebt nicht lange.*"

Oft sieht man Kinder aus vornehmen Häusern, die blaß und abgemagert aussehen, während die Kinder von armen Arbeitern an Frische strotzen. Die natürliche Ursache wird darin zu suchen sein, daß das Kind des Reichen von seinen ersten Tagen an mit zu nahrhaften Speisen überladen wird, die den jungen Magen verderben, während das Kind des Armen durch die dürftigen Verhältnisse davor bewahrt bleibt. Ist aber die Gesundheit einmal angegriffen, so ist der Arzt wiederum ein unvermeidlicher Gast, mit großen Ausgaben im Gefolge.

Es sei mir zum Schluß noch erlaubt, auf einen weitverbreiteten Irrtum aufmerksam zu machen, nämlich, daß der häufige Fleischgenuß das beste Nährmittel sei. Wie gesagt, ist das ein Irrtum, denn wir haben eine Menge leichtverdaulicher Nahrungsmittel, die, richtig zubereitet, der Nährkraft des Fleisches nur wenig nachstehen, von den Hülsenfrüchten mit ihrem reichen Gehalt an Eiweißstoffen gar nicht zu sprechen, die das beste Fleisch ersetzen. Wo sollten auch die meisten unserer Arbeiterfamilien bleiben, da ihnen das Fleisch vielfach nur als Sonntagsgabe bekannt ist!

Darum, liebe Kolleginnen, übt euch in der richtigen Zusammenstellung der Küchenzettel. Ihr werdet finden, daß ihr manchen Groschen nicht nur direkt durch Ersparnis an Lebensmitteln, sondern auch indirekt durch Verhütung von mancherlei Krankheiten spart.

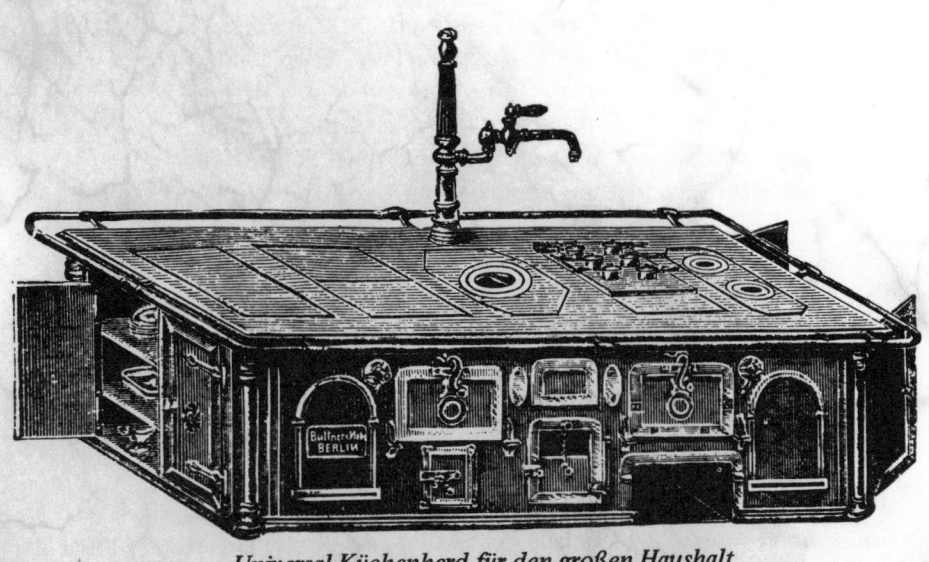

Universal Küchenherd für den großen Haushalt

Gut organisierter Großeinkauf

Die größten Ausgaben einer jeden Haushaltung sind diejenigen für Nahrungsmittel, Kleidung und Brennmaterial. Kauft man diese Dinge in größeren Mengen ein, so ist der Nutzen in Wirklichkeit bedeutender, als er zunächst erscheint. In die Waagschale fällt hier zuerst die Zeitersparnis.

Denke einmal nach, wie oft du in der Woche zum Lebensmittelhändler, Metzger oder Bäcker gehst, wenn du Kaffee, Reis, Erbsen, geräuchertes Fleisch oder Brot nur pfundweise, ersteres vielleicht nur in halben Pfunden holst. In einem Jahr würde das so manchen kostbaren Arbeitstag ergeben, der jetzt aber verloren ist. Alle diese Zeit ersparst du, wenn du deine Lebensmittel in größeren Mengen einkauftest.

Hierzu käme dann noch etwas Greifbares, nämlich der Geldgewinn, den man durch den Einkauf im großen erzielen kann. Ohne fürchten zu müssen, daß auch nur das geringste dem Verderben preisgegeben wird, kann man sich Reis, Kaffee, Erbsen und vieles andere mehr auf Vorrat einkaufen. Zahle ich zum Beispiel für Reis im einzelnen Pfunde 18 Pfennig oder für Kaffee 1,20 Mark, so gebe ich, wenn ich 10 Pfund zusammen nehme, für den Reis nur 16 Pfennig und den Kaffee 1,15 Mark aus. In ähnlicher Weise bekommt man bei größeren Bezügen alle Waren billiger und gleichzeitig auch bessere Qualität. Habt ihr Gelegenheit, euch mit Verwandten oder Kollegen zusammenzutun, so könnt ihr die Waren sackweise beziehen und werdet die Vorteile erkennen, die euch nie mehr anders handeln lassen.

Nun steht der Winter vor der Tür. Ohne Kohlen läßt sich das Heim nicht gemütlich machen. Kauft man diese immer zentnerweise, so zahlt man viel Geld dafür, bekommt nicht die beste Ware und der Hausgang wird des öfteren noch obenein mehr oder minder mit Kohlenstaub verunstaltet. Diese Nachteile lassen sich vermeiden, wenn wir im Herbste unseren ganzen Winterbedarf auf einmal decken.

Sollten diese Zeilen die eine oder andere Hausfrau anregen, ihre Einkäufe danach einzurichten, so wird sie immerhin eine kleine Summe erspart beiseite legen können. Im Laufe des Jahres erwächst hieraus eine bedeutende Summe. Solltet ihr sie nicht bedürfen zur Anschaffung des Notwendigen, dann suchet sie zu gewinnen für wünschenswerte und nützliche Dinge, die das Familienleben verschönern und angenehmer machen.

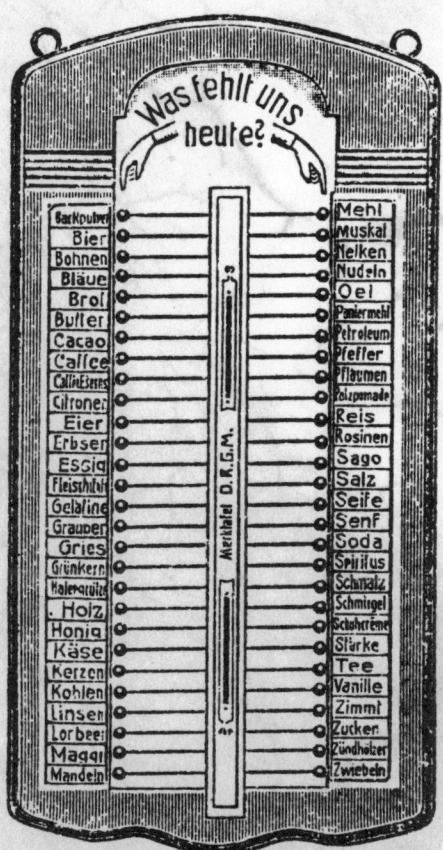

Küchenmerktafel

Kartoffeleinkauf per Inserat

Wenn der kühle Herbstwind über die Stoppelfelder weht, dann wird es allmählich Zeit, an das Einkaufen der Wintervorräte zu denken. Die Stadtbewohner, die bekanntlich für ihr gutes Geld alles so leicht beschaffen können, versäumen jedoch nicht selten, ihre erforderlichen Wintervorräte billig einzukaufen. Dann gehen sie zum nächsten Gemüsehändler und müssen einen entsprechend höheren Preis zahlen — und der Händler lacht sich ins Fäustchen, weil er ein Geschäft gemacht hat. Namentlich Kartoffeln und Gemüse erfahren zum Beginn des Winters sehr leicht eine Preissteigerung. Diese Produkte sind gewöhnlich im Spätherbst am billigsten. Wem daran liegt, billige und schmackhafte Kartoffeln für den Winterbedarf einzukellern, der riskiere eine Mark und versuche den Erfolg der Druckerschwärze. Er inseriere zu dem Zwecke in einer in einem ländlichen Bezirk erscheinenden Zeitung etwa wie folgt: *„10 Zentner gute Winterkartoffeln gesucht. Offerten mit Preisangabe unter N.N. an die Geschäftsstelle."* Auf Grund der sicher einlaufenden Offerten erbitte man sich einige Proben, die gern kostenlos geliefert werden, dann kann man wählen.

Besser ist es freilich, wenn mehrere befreundete Familien diesen Einkauf gemeinschaftlich unternehmen. Ganz sicher kann man auf diese Weise eine bedeutende Ersparnis erzielen und den Nutzen des Zwischenhändlers selbst einheimsen. Auch muß man bedenken, daß man auf diese Weise eine in jeder Hinsicht zusagende Kartoffelfrucht erhält. Die erforderlichen Unkosten, wie Porto, Inserat, Fracht usw. werden den erzielten Vorteil dann kaum mindern können. Wer diesen Vorschlag einmal befolgt hat, wird ihn zweifellos auch in Zukunft beachten.

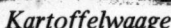

Kartoffelwaage

Statt Fleisch mehr Hülsenfrüchte

Unser Körper enthält viel Eiweißstoffe, deshalb müssen wir ebenso viel Eiweiß zu uns nehmen, um für die körperliche und geistige Arbeit fit zu bleiben. Der Haupt-Repräsentant der eiweißhaltigen Nahrungsmittel ist das *Fleisch*. Es hat aber heute einen so hohen Preis, daß viele Hausfrauen, die nicht blind in den Tag hineinwirtschaften, genötigt sind, sich nach billigerem Ersatz umzusehen. Manche greifen zu *Stockfisch* und *Hering, Leber, Lunge* und dergleichen. Andere wieder wählen Hülsenfrüchte, und ihre Wahl ist nicht die schlechteste. *Erbsen, Bohnen* und *Linsen* sind fast so nahrhaft wie gutes Fleisch. Ihr Eiweiß geht wie beim Fleisch vollständig ins Blut über. Deshalb ist ein Mittagessen mit richtig gekochten Hülsenfrüchten und etwas Fett ebenso nahrhaft wie ein solches mit Braten und Gemüsen.

Unsere Vorfahren dankten ihre Riesenkraft hauptsächlich den Hülsenfrüchten. Was aber die Wahl von Hülsenfrüchten noch besonders vorteilhaft macht, ist der billige Preis. Das Pfund Erbsen kommt, im großen bezogen, was die sparsame Hausfrau möglichst immer tut, auf etwa 14 Pfennig, das Pfund Linsen und Bohnen auf 13 Pfennig. Der Preis der Hülsenfrüchte ist also gegenüber dem des Fleisches fabelhaft niedrig.

Doch müssen die Hülsenfrüchte, sollen die erhofften Vorteile wirklich eintreten, richtig zubereitet werden. Am Abend vor dem Kochen werden sie in Wasser eingeweicht und dann anderntags in weichem (Quell- oder Fluß-)Wasser gekocht, da sie beim Kochen mit hartem kalkhaltigem Wasser schwer löslich und dadurch unverdaulich werden. In Ermangelung weichen Wassers bringt man in hartes Wasser, bevor die Früchte hineingetan werden, kohlensaures Natron oder Soda, auf ein Gericht für drei Personen etwa ein erbsengroßes Stück, wodurch hartes Wasser ebenso weich wird. Im Sommer kann das Quellen, um das Bilden schädlicher Säuren zu verhindern, auf 2 oder 3 Stunden beschränkt werden. So behandelt, wird der gesamte Nährstoff der Hülsenfrüchte frei, sie sind leicht verdaulich und bilden ein wohlmundendes Gericht, das die Hausfrau mit passenden Zuspeisen öfter auf den Tisch bringen sollte.

Wohin mit den Speiseresten?

„Achte Kleines nie gering", braucht der weise sparenden Hausfrau nicht gesagt zu werden. Sie weiß, durch die Menge wird das Kleine groß und durch die Zeit allmächtig. Sie hält das Kleine zusammen, wo und wie sie kann, fügt Splitter an Splitter, Stück an Stück, füllt Kisten und Kasten. Am meisten Erfolg hat sie damit in der Küche – ihrem Hauptwirkungskreis. Es ist kaum glaublich, was sie aus den Resten, die es da gibt, zu machen vermag.

Milchreste werden zu Einlaufsuppe, Pfannkuchen, Rühreiern verwendet, *Käsereste* zu Suppen und Nudeln. *Brotreste* kann man in Suppen schneiden oder gerieben zu Kuchen und Pudding gebrauchen. *Überbleibsel von Fleisch* können die verschiedenste Verwendung finden. Einzelne schmecken aufgewärmt gut, andere munden kalt besser als warm, wieder andere müssen aufgeschnitten und dann gewärmt werden; fast immer eignen sie sich, sind sie nicht zu klein, zu Zwischen- oder Abendbrot, als Beilagen zu Gemüsen u.a. Kleine Reste aber kann man gut unter Salat, in Pfannkuchen, zu Suppeneinlagen, für Frikadellen oder auch Pasteten verwenden.

Speckschwarten werden zu Bohnen, Erbsen, Linsen und Sauerkraut gelegt und mitgekocht; auch eignen sie sich vortrefflich zum Putzen. *Übrige Fleischbrühe* kann zu allen Suppen und sehr gut mit Kerbel gebraucht werden. *Kartoffelreste*, gekocht, geben Kartoffelsalat, lassen sich auch rösten; gerieben kann man sie zu Suppen, Kuchen, Auflauf, Klößen und vielem anderen verwenden. *Kartoffelschalen* können fast mit jedem anderen Überbleibsel zum Füttern von Tauben, Füttern und Mästen von Hühnern und Gänsen gebraucht werden. Ungekochte Kartoffelschalen werden auch gedörrt und zum Anzünden des Feuers benutzt. *Fischreste* sind zu Suppen, Salat, Ragout passend, *Obstreste* zur Essigbereitung, *Kuchenreste* zu allerlei süßen Speisen. *Holzasche* wird zur Lauge gebraucht, *Steinkohlenasche* für den Garten, *Seifenwasser* und *Kaffeesatz* für die Blumen usw.

Man sieht, daß es kaum ein Überbleibsel gibt, das die Hausfrau nicht verwenden kann, und man wird begreifen, daß durch das Sammeln und Verwenden all der verschiedenen Reste das Jahr hindurch eine beträchtliche Summe erspart wird. Deshalb achtet die sparsame Hausfrau das Kleine auch nie gering.

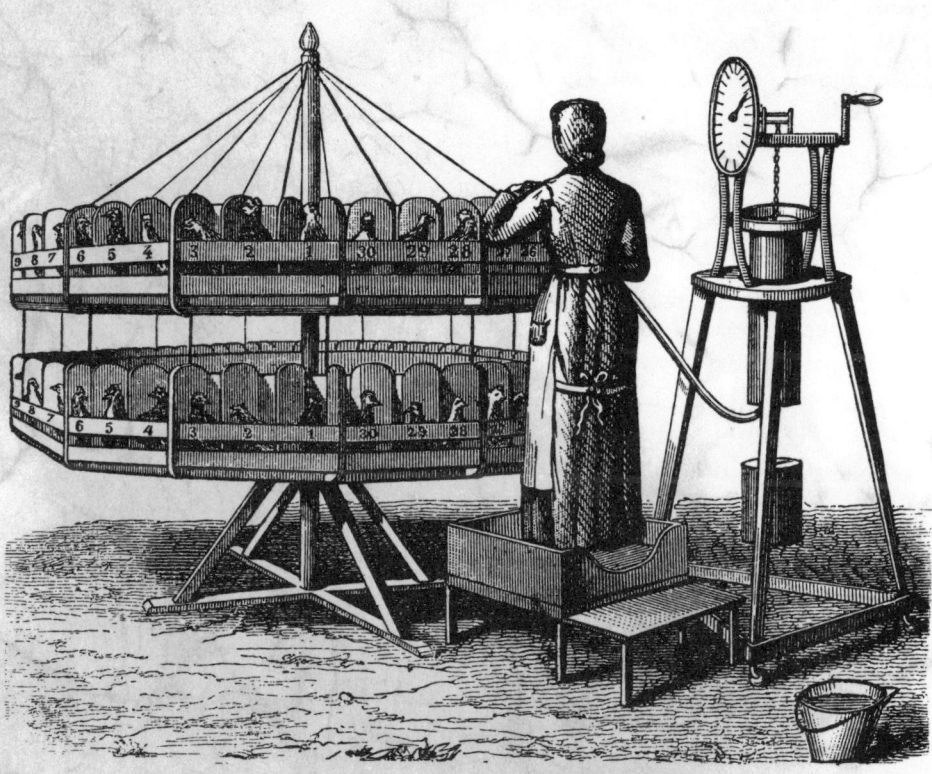

Drehbarer Geflügel-Mastkäfig für 60 Tiere

Eine gute und billige Suppe

Hinsichtlich der Suppen ist man recht oft in Verlegenheit. Besonders, wo es Sitte ist, jeden Mittag als erstes Gericht eine Suppe auf den Tisch zu bringen, muß man seinen Kopf immerhin etwas anstrengen, um möglichst verschiedene Suppen auf die Tafel bringen zu können. Denn auch hier würde ein ewiges Einerlei ermüden.

Auch eine sonst mit scheelen Blicken angesehene Brotsuppe kann mit allerlei Zutaten verziert und verbrämt zu einer sehr schmackhaften und gern genossenen umgestaltet werden. Brotreste sind meistens in jedem Haushalt vorhanden, oft mehr als nötig, und man weiß oft nicht, was man damit anfangen soll. Irgend etwas muß doch daraus zubereitet werden können, und zu irgend einem guten Zweck müssen sie doch, wenn man sparsam sein will, Verwendung finden.

Ich bereite nun Brotsuppe folgendermaßen zu und habe die Freude, daß sie so gekocht stets gut mundet.

Das alte Brot setze ich mit Wasser auf die Kochmaschine, lasse es erst langsam aufweichen, dann ganz weich kochen und rühre die Masse durch ein feines Sieb.

Darauf tue ich etwas Butter, Zitronenschale, Salz und etwas Milch hinzu und auf zwei Liter ungefähr 4 Eßlöffel gutes Schokoladenpulver. Dann lasse ich die Suppe noch einmal ordentlich aufkochen, etwas verkühlen und ziehe sie mit einem Eigelb ab.

Das Weiße des Eies schlage ich zu Schnee und lege diesen auf die Suppe mit etwas Zucker bestreut.

Eigentlich bin ich stolz auf die Erfindung des Hinzufügens der Schokolade zur Brotsuppe, durch die sie einen ganz anderen Charakter bekommen hat und in den Augen meiner Familie aus einer verachteten Suppe eine gern gespeiste geworden ist.

Vielleicht macht mir jemand die Bereitung dieser Suppe einmal nach und dann auch dieselbe Erfahrung!

. . . und so wird's gemacht!

Ersatzaufstrich für Butter

Wer sparen will, muß energisch bestrebt sein, sein löbliches Vorhaben überall, wo es angebracht ist, anzuwenden. Man frage sich, ob der Nährwert der Speisen auch im Verhältnis zu deren Kosten steht. Häufig wird man sich dann sagen müssen, daß dieses keineswegs der Fall ist, daß man sich also unnütze Ausgaben gemacht hat. Wollte man nun aber die Ausgaben für die Haushaltung unverhältnismäßig einschränken, indem man zu Surrogaten seine Zuflucht nimmt, die manchmal freilich recht billig sind, aber auch oft nur geringen Nährwert haben, so würde man sich und seinen Angehörigen einen schlechten Dienst erweisen.

Der menschliche Körper bedarf dringend einer kräftigen Kost, um widerstands- und arbeitsfähig zu bleiben. Wer in diesem Punkte zu sparsam wäre, dürfte es an seiner Gesundheit und demnächst durch Begleichung der Kurkosten schwer zu büßen haben. Und doch gibt es mancherlei Bedarfsartikel im Haushalt, die man leicht durch fast gleichwertige, aber bedeutend billigere ersetzen kann. Große Summen werden z.B. im Jahre von den meisten Hausfrauen für Naturbutter ausgegeben. Der Geschmack läßt manchmal zu wünschen übrig, und appetitlich kann man sie auch nicht immer nennen. Als reellsten, billigsten und besten Ersatz für Naturbutter sollte man *Schweinsflomen* verwenden, den man von seinem Metzger für 60 Pfg. das Pfund haben kann. Wenn die Zubereitung zu Schmalz als Aufstrich für das Brot gut gelingt, wird man mit diesem appetitlichen Butter-Ersatzmittel sehr zufrieden sein.

Des Wohlgeschmacks halber kann man eine Zwiebel- oder Apfelzugabe beifügen. Namentlich den Kindern wird ein derartig bestrichenes Früchstücksbrot, das bedeutenden Nährwert besitzt, gut munden.

Schmalztopf

Schmackhafte
Fleischpasten zu Appetitsbrötchen

Es passiert in den besten Familien, daß einmal ein Stück Rindfleisch, ein ehrwürdiges Suppenhuhn, ein Stück Wild oder sonstiges Bratenfleisch sich hartnäckig weigern, vom besten Gebiß zermalmt zu werden, das heißt steinhart waren, sind und bleiben — auch wenn ein wahres Höllenfeuer im Herde diese Fleischstücke zur Genießbarkeit hat zwingen wollen.

Das sind Momente, in denen man nicht verpflichtet ist, das Alter zu ehren, ob nun stumme Resignation oder laute Verwünschungen das harte Gericht begleiten, für die sparsame, bemitleidenswerte Hausfrau ist das Resultat dasselbe: Werft das „Scheusal" in die Wolfsschlucht! In diesem Falle aber verstehe ich darunter die Fleichhackmaschine. Nein, keine Sorgen, der Gebieter soll nicht etwa über trockene Frikadellen, Bouletten oder Hackbraten über dieses Schreckensgericht noch einmal schelten dürfen — eine solche Verwendung derartiger hoffnungsloser Genüsse ist eine schlechte Ersparnis, die nur Ärger und Mißstimmung zeitigt. Also fort mit dem harten Fleisch in die Fleischhackmaschine, die es so oft passieren muß, bis es ganz fein gemahlen ist.

Nun rührt man von einem hart gekochten sowie einem rohen Eidotter und einigen Löffeln Olivenöl eine ganz dicke Mayonnaisensauce, der man das feingewiegte harte Weißei, ein paar feingehackte Sardellen, einige Kapern, feingewiegte Petersilie und ebenso ganz feingewiegte Salz- oder Senfgurke hinzufügt. Diese Sauce verdünnt man dann mit etwas Fleischbrühe oder saurem Rahm und rührt das feingemahlene Fleisch hinzu, daß aus dem Ganzen ein dicker, aber geschmeidiger Brei entsteht. Diesen streicht man dick auf geröstete oder gewöhnliche Weißbrotscheibchen und reicht diese sehr pikanten Scheibchen entweder so ohne weiteres, oder man garniert sie, wenn Gäste da sind. Dazu belegt man die Schnittchen entweder mit gekreuzten Sardellenvierteln und legt in jedes Karo eine Kaper, oder man bestreut sie halb mit feingewiegtem Weißei und halb mit ebenso zubereitetem Gelbei von hartgekochten Eiern, oder man läßt das Weißei fort und nimmt dafür feingehackte Kapuziner-kresse, oder man garniert mit Streifchen grüner Pfeffergurken bzw. solchen von eingelegten roten Rüben, oder man nimmt in Essig gelegte Pilze zur Verzierung, oder — nein, wer könnte Grenzen finden mit derartigen Vorschlägen!

Auch kann man mit der Paste, der man nach Geschmack auch etwas Tafelsenf oder Worcestershiresauce beifügen darf, halbierte und ihrer Kerne entledigte Salzgurken füllen, was für Feinschmecker eine höchst reizvolle Platte ergibt, die namentlich von Herren sehr gern genommen wird —, kurz, das hoffnungslos aufgegebene, steinharte Fleisch findet eine ungeahnte, reizvolle „Auferstehung", die zu den glorreichsten Küchengeheimnissen gehört und der sparsamen Hausfrau das erhabene Gefühl verleiht, das scheinbar Unnütze gut verwendet zu haben.

Universal Fleischhackmaschine

Wie man Senf selbst zubereitet

Wie vieles, so unterliegt auch der Senf nicht selten der Fälschung. Zudem muß man diese Ware viel zu teuer bezahlen, da nicht nur Fabrikanten, sondern auch Händler daran verdienen wollen. Die Selbstbereitung des Senfes ist leicht, und in Haushaltungen, wo er viel gebraucht wird, verdient sie wohl die Beachtung der Hausfrau. Wenn man mit einem Drittel des Preises einen ebenso guten, ja besseren Senf auf leichte Weise haben kann, so wird die Mitteilung zweier erprobter Rezepte gerechtfertigt sein.

1. Milder, einfacher Senf: Man nimmt 1/2 Pfund gelbes Senfmehl, übergießt es mit 1/2 Liter gutem, kochendem Essig, nach dem Erkalten mischt man 3 Gramm gestoßenen Zimt, 1 Gramm Gewürznelken und 125 Gramm gestoßenen Zucker dazu, rührt alles wohl untereinander und füllt den fertigen Senf in ein Gefäß, das man gut zubindet. Dieser Senf ist zum sofortigen Gebrauch fertig, wird aber besser, wenn man ihn einige Wochen stehen läßt. Will man ihn schärfer haben, so nimmt man 1/4 Pfund gelbes und ebensoviel braunes Senfmehl. Ist er zu dick, so wird er mit Essig oder Wasser verdünnt. Will man diesem Senf noch mehr Geschmack geben, so kocht man den Essig mit einigen Schnitten Zwiebel, ein paar Lorbeerblättern und mit etwas Sellerie und Estragon. Alle diese gewürzhaften Zusätze dürfen indes nur mäßig angewendet werden, damit sie nicht durchschmecken. Der gewöhnlich im Handel vorkommende Senf enthält wohl Zusätze von Gewürzen, aber nicht von Kräutern. Der auf obige Weise bereitete Senf kann dem besten Düsseldorfer oder Frankfurter an die Seite gesetzt werden, während sein Preis um mehr als die Hälfte niedriger ist.

2. Französischer, feiner Senf: Ein Pfund gelbes Senfmehl, frisches Kraut von Petersilie, Estragon, Kerbel und Sellerie, von jedem 2 Gramm, werden mit sechs eingemachten Anchovis oder Sardellen aufs feinste zusammengerieben, dann gibt man 40 Gramm reinen Honig und 20 Gramm Salz zu und verrührt es mit so viel gekochtem Weinessig, wie zum Zusammenhalt nötig ist. Aufbewahrt wird dieser Senf in gut verschlossenen Büchsen. Er wird gewöhnlich erst in 4–6 Wochen zum Verbrauche gegeben, weil er sich, wie jede andere Sorte, nach und nach sehr wesentlich verbessert.

Sollte die eine oder die andere Hausfrau einen Versuch mit obigen Rezepten machen wollen, so wird sie mit klaren Augen den Vorteil schauen und hat zudem das Bewußtsein, reinen, unverfälschten Senf vorsetzen zu können.

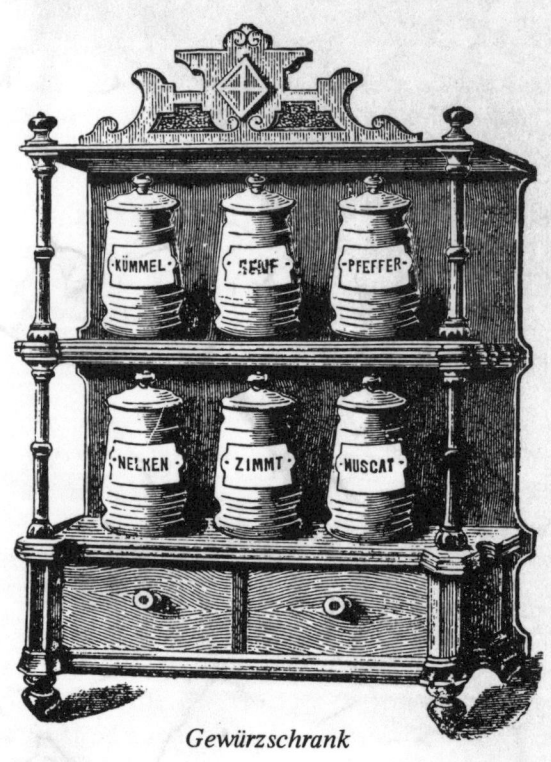

Gewürzschrank

Verwertung von Fischresten

Nicht alle Fischreste machen uns Sorge wegen ihrer Verwendung. Der *Salm* oder *Lachs* z.B. wird erkaltet immer gern mit einer Remouladensauce verzehrt, oder man reicht ihn als Mayonnaise, zu der gute Rezepte gewiß in den meisten Haushaltungen vorhanden sind. In diesem Punkt sind allerdings schon oft die schauderhaftesten gastronomischen Verirrungen vorgekommen, bei deren Nennung mir die entsetzliche Vision von Mehlverwendung vorschwebt, die unter dem Titel „Sparsamkeit" ihre falsche Flagge hißt oder als halbgeronnene, ölige Tunke trauernd ihre Fischeinlage umrinnt. Eine gute Mayonnaise muß ohne künstliche Zusätze so steif sein, daß sie „von selbst" steht und zu jeder Jahreszeit gleichmäßig gelingen — wer es anders sagt, dem ist ihr innerstes Wesen fremd!

Also: Der übrig gebliebene Salm wird als Mayonnaise gern gesehen werden; auch wenn die Stücke noch ansehnlich sind, ergibt der Rest eine hübsche Geleeschüssel. Der Aspik dazu wird leicht von Liebigs Fleischextrakt mit Gelatine hergestellt unter Zusatz von Zitronensaft oder etwas Essig. Eine gleiche Verwendung gilt für kalte *Aalreste,* die indes auch mit feiner *Ravigotesauce* (Mayonnaise unter Zusatz von feingehackten und durchgeseihten Kräutern, wie Estragon, Kerbel, Petersilie, Pimpinelle, Schafgarbe und Kresse) eine sehr gute Schüssel ergeben. Das Aufwärmen von Lachs oder Aal ist zu verwerfen. Während diese beiden Fischsorten besser kalt zu reichen sind, kann man andere Flußfische, wie *Hechte, Zander, Karpfen* und *Schleie* in warmer Form wieder neu erstehen lassen — *Forellen* und ihre Abarten werden, wenn als Reste vorhanden, gleichfalls am besten in Aspik wiedergegeben. Die Verwendung von Resten obengenannter Flußfische findet als Bouletten, Ragout fin oder Pudding am besten statt — natürlich hat man das Fischfleisch zu diesen Schüsseln aufs sorgsamste von den Gräten zu befreien.

Zu den Bouletten wird das Fleisch ganz zerpflückt, mit einem Ei, wovon das Weiße zu Schaum geschlagen ist, vermengt, in längliche oder runde Polsterchen geformt, die in Ei und Paniermehl gewälzt und in

Butter gebacken werden. Zum *Fischpudding* rührt man ein Eidick Butter zu Schaum, rührt zwei ganze Eier, wovon das Weiße zu Schaum geschlagen ist, daran nebst dem Fischfleisch, würzt mit Zitronensaft, einem Löffel Wein und einem Teelöffel Worcestershiresauce und kocht oder bäckt den Pudding in der vorgerichteten Form und reicht ihn mit einer feinen Kapernsauce.

Flußhechtreste kann man auch sehr fein mit Makkaroni geben. Die letzteren werden dazu in kurze Stücke zerbrochen, in Salzwasser gekocht und abgeseiht. In eine gebutterte Auflaufform legt man dann schichtenweise Makkaroni und das entgrätete Hechtfleisch, tut auf jede Schicht kleine Butterflöckchen und etwas geriebenen Parmesankäse, schließt mit einer Makkaronischicht, streut dick Parmesankäse darauf und übergießt mit einer Tasse dicken, sauren Rahm und läßt das Ganze im Bratofen backen. Statt der Makkaroni kann man zu Hecht und Zander auch Sauerkohl nehmen, der zuvor gar gekocht wurde, und verfährt im übrigen genau wie oben gesagt. Dies letzte Rezept gilt auch für Seefisch, d.h. *Schellfisch, Steinbutt, Dorsch,* im Notfalle auch für *See-* und *Rotzungenreste,* von denen man letztere neu panieren und aufbacken und mit kalter Mayonnaisensauce reichen kann; doch ist dies nicht gerade sehr empfehlenswert und erfordert immerhin eine im Backen sehr tüchtige Köchin.

Karpfen

Sparsamer Umgang mit Eiern

Auf den ersten Blick scheint für die erfahrene Hausfrau diese Aufforderung sehr schwer zu erfüllen zu sein, denn als gute Köchin weiß sie wohl, daß man nicht an Eiern sparen darf, wenn die Güte der Speisen und der gute Ruf als Köchin nicht leiden sollen, wenngleich dadurch auch allen, die dieses so unentbehrliche Nahrungsmittel kaufen müssen, übers Jahr eine beträchtliche Ausgabe erwächst. An der Zahl der Eier möchte ich auch nicht gespart wissen, sondern hier zeigen, daß und wie auf andere Art eine große Ersparnis an dieser ständig verwendeten Speise zu machen ist, nämlich durch die Art und Weise der *Aufbewahrung.*

Wer im Winter Eier kaufen muß, hat in der Regel für das Stück einen hohen Preis zu zahlen, trotzdem braucht man aber in dieser Jahreszeit, besonders in der lieben Weihnachtszeit, sehr viele. Wenn es dann noch vorkommt, und leider ist es keine Seltenheit, daß eine nahmhafte Zahl, weil von den Verkäufern für die teure Zeit aufgespart, verdorben ist, so entsteht ein erheblicher Schaden. Darum muß die sorgsame Hausfrau einen Eiervorrat zu der Zeit einkaufen, wo die Hühner fleißig legen, und also die Eier billig sind, diese dann unter Anwendung der besten Methode vor dem Verderben schützen und so eine sehr große Ersparnis machen.

Es gibt verschiedene Methoden der Aufbewahrung. Für die beste halte ich, die Eier in Wasserglas aufzubewahren, und dabei aber noch besondere Maßregeln zu beachten. Ich nehme auf 1 Liter Wasserglas, in jeder Apotheke oder billiger im Drogengeschäft erhältlich, 7 Liter Wasser und mische es gut in einem alten Kübel. Etliche Gefäße, zum Einlegen der Eier bestimmt, stehen schon bereit. Nun stelle ich noch ein zweites Gefäß mit Wasser, in das auf 1 Liter eine schwache Handvoll Salz kommt, dazu.

Dann kann die eigentliche Arbeit beginnen. Zuerst werden die Eier einer strengen Prüfung unterzogen, was die Hauptsache ist und gar oft zum eigenen Schaden von vielen versäumt wird. Jedes Ei kommt zuerst ins Salzwasser. Diejenigen, die untersinken, also frisch sind, finden Gnade und kommen in ein großes Gefäß (sehr sachte eingelegt!), um erst zuletzt, wie es einst dem Odysseus gehen sollte, aufgezehrt zu werden. Diejenigen, die nur halb sinken, tut man in das zweite Gefäß, und solche, die schwimmen, in das dritte. Diese letzteren, denen nicht zu trauen ist, werden zuerst verwendet. Sind die Eier eingelegt, so wird die Mischung aus Wasser und Wasserglas darüber gegossen und so die Luft von ihnen abgehalten. Bei diesem Verfahren kommt es äußerst selten vor, daß ein verdorbenes Ei dabei ist. Sie halten sich, natürlich sind diejenigen gemeint, die im Salzwasser untersanken, sehr lange frisch, trocknen nicht ein und besitzen nicht den unangenehmen Geschmack der Kalkeier. Viele Frauen aus meinem Bekanntenkreis, denen ich diese Methode empfahl, wenden sie seither mit großer Freude an.

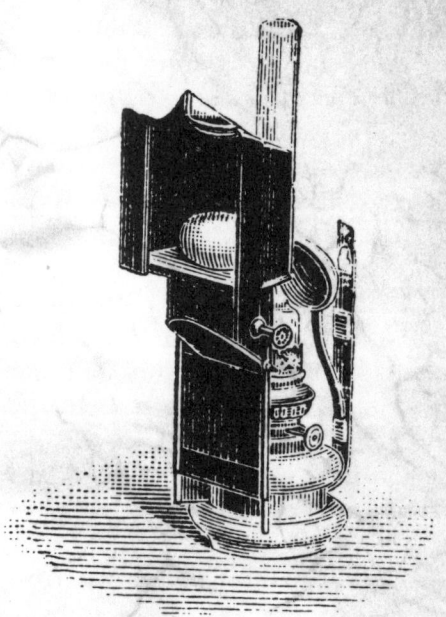

Eierprüfer mit Spirituslampe und Spiegel

Pudding aus Kuchenresten

Ein nicht besonders gelungener Kuchen trägt sowieso schon das Schicksal des Übrigbleibens und Trockenwerdens auf der „Stirn" – schade um die guten Zutaten!

So sagt wenigstens, wer der Sache fremd ist, der Wissende verzagt aber noch lange nicht um das Material. Schweigend nimmt die Hausfrau den Verschmähten vom Tisch und läßt ihn trocken werden, was eine warme Ofenröhre noch beschleunigt, und setzt das Mysterium fort, indem sie den dürren Kuchen im Mörser fein zerstößt, ohne dabei etwaige Rosinen zu entfernen; nur Obstauflagen und Fruchtmarmeladen müssen entfernt werden, falls letztere nicht ganz trocknen wollen. Dann reibt man 170 Gr. Butter zu Schaum, fügt 8 Eier und 170 Gr. Zucker hinzu (ist der Kuchen sehr süß, dann weniger), mischt 230 Gr. vom feingestoßenen Kuchen hinzu, sowie ein halbes Glas Rum oder Wein, füllt die Masse in eine gebutterte und mit geriebenem Weißbrot ausgesiebte Puddingform, läßt diese im Heißwasser 2 1/2 Stunden kochen und reicht alsdann diesen sehr feinen Pudding mit einer Wein- oder Fruchtsauce. Das schöne Material ist also nicht verloren, sondern feiert seine glänzende Wiederauferstehung. Das gleiche gilt für die verachteten Reste eines Teekuchens, die eine Gesellschaft übriggelassen hat. Ohne sie auszusuchen, zerstoße man sie getrost alle miteinander im Mörser, das tut dem guten Geschmack keinen Abbruch, und aus dem häßlichen Rest entsteht ein schöner Pudding; nur muß man darauf achten, daß die Kuchenreste keinen fremden Geschmack von anderen Eßwaren oder dem Küchenschranke annehmen können.

Steinmörser und Puddingform

Keimfreikochen von roher Milch

„Wie bringst du es nur fertig, deine Milch schon seit so vielen Jahren zu trinken?" so fragte mich jüngst meine Freundin, als sie mich überraschte, wie ich eben ein Glas Milch mit großem Wohlbehagen schlürfte. „Hast du sie schon gekostet?" fragte ich lächelnd und reichte ihr ein volles Glas zur Probe. „Ja, wenn ich solche Milch trinken dürfte", sagte sie nach einem Versuch, „der Arzt hat mir zwar viel Milchtrinken geraten, aber rohe Milch strengstens untersagt, und die ist ja unaufgekocht, das schmeckt man sofort. Weißt du denn nicht, wie selten man ganz keimfreie Milch noch findet, seitdem das fremdländische Vieh . . ." —

„Ich weiß, ich weiß alles, liebes Kind", unterbrach ich den gelehrten Redestrom, „aber dennoch bist du auf dem Holzwege; komm, setze dich zu mir und laß dir einmal erzählen, wie einfach ich zu meiner wohlschmeckenden Milch gelange!" — „Ach, nun weiß ich", rief sie frohlockend, „du trinkst sterilisierte Milch!" —

„Ich trank solche einmal und bezahlte jedes Liter aus der Genossenschaft mit 30 Pfg. In letzter Zeit habe ich mir die Sache aber billiger eingerichtet, und da kannst du wieder sehen, wie man in der Milchwirtschaft sparen kann. Also höre: Für einen Erwachsenen genügt es, wenn die Milch ein paarmal brausend aufkocht, sie ist dann vollständig keimfrei!" — „Das wohl", warf die kleine Ungeduld dazwischen, „aber dann kühlt sie ab, setzt Haut an, und nach dem Erkalten dieser garstig-widerliche Geschmack!"

„Aber laß mich doch aussprechen. Aufgekochte, heiße Milch hat denselben Wohlgeschmack wie die rohe. Die Bestandteile aus der Luft, die sie während des Erkaltens in sich aufnimmt, geben ihr zuerst, da muß ich dir recht geben, den gartigen Geschmack. Man muß sie also so schnell wie möglich diesen schädlichen Einwirkungen entziehen. Sobald die Milch tüchtig kocht, gieße ich sie in erwärmte Flaschen oder Krüge, verschließe diese sofort und lasse sie langsam erkalten. Der aufsteigende Dampf drängt jedes Atomchen Luft heraus, und die Milch schmeckt so rein wie rohe, ist jedoch vollkommen keimfrei. Nach dem Erkalten setzt sich aber die Sahne ab, durch tüchtiges Umschütteln der Flasche vor dem Gebrauch teilt sie sich der Milch mit, und keine Spur von Haut bleibt davon übrig."

Ich rate jedem Leser, es einmal damit zu versuchen –, ich glaube, er wird mir dankbar sein für den guten Rat!

Milchgefäß mit luftdicht schließendem Deckel

Konservieren von grünen Erbsen für den Winter

Eines der besten und zartesten Gemüse, die uns der Sommer bietet, sind grüne Erbsen, die gut zubereitet vorzüglich schmecken. Wie heutzutage nun auf allen Gebieten für das Wohl und die Annehmlichkeit der Menschen gesorgt wird, so kann man auch das ganze Jahr über, wenn unsere Gärten schon längst verödet sind und draußen Eis und Schnee das Regiment führen, in unseren Delikatessenläden vorzügliche grüne Erbsen kaufen, die nicht nur wie die frischen aussehen, sondern auch den frischen, feinen Geschmack derselben haben.

Wohl manche Hausfrau hat versucht, selbst grüne Erbsen zu konservieren, denn die käuflichen sind sehr teuer, aber die Versuche waren nicht immer mit Erfolg gekrönt und oft recht mühsam und umständlich. Eßbar waren sie meist schon, aber der Geschmack erinnerte bei weitem nicht an die herrlichen frischen Erbsen, und auch das Aussehen war nicht schön. Auch mir war es mehrere Jahre so gegangen, und ich verzweifelte daran, ob es mir je einmal gelingen würde.

Da erschien mir ein hilfreicher Engel in Gestalt einer jungen Französin, mit der ich über diesen „wunden Punkt" meiner hauswirtschaftlichen Tätigkeit sprach. Sie erzählte mir, daß sie zu Hause die Erbsen einfach aushülsen würden, wie man es immer tut. Sie dann in Flaschen füllt, diese aber nur dreiviertel voll macht, sie dann gut zukorkt und den Pfropfen mittels Bindfaden oder Draht gut befestigt. Hierauf kommen die Flaschen in einen mäßig warmen Herd, wo sie über Nacht bleiben. Alsdann bewahrt man sie umgestürzt an einem kühlen Ort auf, bis man sie braucht. Will man sie verwenden, wirft man die Erbsen rasch in siedendes Wasser und verfährt mit ihnen wie mit frischen Erbsen, und in der Tat — sie schmecken auch genau so!

Ich probierte sofort dieses so unglaublich einfache Verfahren, es ist mir herrlich gelungen. Seither haben wir jeden Winter sehr oft vorzügliche grüne Erbsen zu unserem und unserer Gäste Vergnügen.

Das Einmachen von Butter

Jede Hausfrau wird wohl oft im Winter, wenn die Naturbutter so sehr teuer wird, mit einem wehmütigen Blick auf ihr Haushaltungsgeld der schönen Zeit im Sommer gedenken, wo die Butter fast für die Hälfte des Winterpreises zu haben war, und doch eignet sich die Butter ganz gut zum Einmachen und Aufbewahren, bleibt auch bei richtiger Behandlung stets frisch und wohlschmeckend. Zu Nutz und Frommen mancher Hausfrau teile ich in folgendem meine langjährigen Erfahrungen mit.

Im Juni lasse ich mir von meinem Butterlieferanten, hier zu Lande kurz Butterbauer genannt, die Butter für den Winterbedarf liefern, denn um diese Zeit ist sie am besten und billigsten. Ich lasse mir dann den ganzen Vorrat vorsetzen und wähle die nach Geschmack und Aussehen für meine Zwecke geeignete aus, etwa 25 Pfund und nach vierzehn Tagen noch einmal ebensoviel. Einige Tage vorher habe ich einen steinernen Einmachetopf — wohl zu beachten — mit heißem Wasser gut ausgebrüht und sodann an der Luft gehörig austrocknen lassen.

Jetzt wird die Butter verarbeitet, und zwar auf folgende Weise: 4 oder 5 Pfund — mehr ist nicht ratsam — lege ich in eine große Schüssel und knete die Butter tüchtig durch, je mehr desto besser, damit alle etwa noch darin befindliche Milch ausgedrückt wird. Ist dies geschehen, dann gieße ich kaltes Wasser dazu und knete die Butter darin wiederholt. Wird das Wasser weiß, dann nehme ich nochmals frisches Wasser. Auf diese Weise werden Geschmack, Geruch und Aussehen auffallend verbessert. Durch das wiederholte Auswaschen wird auch das Salz der Butter entzogen, weshalb sie mit allerfeinstem Tafelsalz ganz nach Geschmack auch gesalzen werden sollte.

Nun ist die Butter fertig und wird recht fest in den Topf gedrückt. Ist der Topf gefüllt, dann stecke ich mit einem Holzstäbchen bis auf den Boden eine Anzahl Löcher in die Butter. Dann mache ich Salzwasser. Eine tüchtige Handvoll Salz, mehr ist besser als weniger, wird in kochendem Wasser aufgelöst und nach dem Erkalten durch feine Leinwand filtriert. Diese Lösung wird über die Butter gegossen, das Ganze mit

Leinwand bedeckt und zugebunden und dann in den Keller gestellt. Der Topf darf nie auf eine Bank oder Holz gestellt werden, sondern immer auf Stein. Auf diese Weise behandelte Butter hält sich ausgezeichnet und ist von frischer Butter nicht zu unterscheiden.

In diesem Jahre kostete mich die Butter 87 Pfennig das Pfund, während der Preis im Winter fast immer 1,30 Mark beträgt, also das Pfund über 40 Pfennig mehr, macht auf 50 Pfund über 20 Mark Ersparnis! Allen sparsamen Hausfrauen empfehle ich das Einmachen der Butter aufs beste — ein Mißlingen ist nach obigem Verfahren ausgeschlossen.

Butterkneter mit Steinkrug

Selbstgebrautes Weißbier

Sparsamen und praktischen Hausfrauen kann ich folgende Herstellung eines guten, wohlschmeckenden Bieres, welches frei von allen *schädlichen Bestandteilen* ist und dessen Zubereitung in äußerst einfacher Weise geschieht, sehr empfehlen. Schon viele meiner Bekannten habe ich mit einem Glase dieses Bieres, welches ich nur in der heißen Jahreszeit bereite, recht erquickt. Viele sind dann meinem Beispiele gefolgt und brauen sich jetzt ihr Weißbier immer selbst.

In einen emaillierten Wassereimer schütte ich 7 Liter kaltes *Leitungswasser*, ein Liter *Braunbier*, ein Liter *Bayrisch Bier* und ein halbes Pfund *Zucker*, rühre alles gut durcheinander und füge zuletzt noch einen knappen Teelöffel voll *Weinsteinsäure* hinzu. Diese Flüssigkeit ziehe ich auf Flaschen, die ich recht fest mittels einer Maschine durch gute Weißbierkorken verschließe. Damit die Pfropfen nicht vor der Zeit hinausgetrieben werden, binde ich über jeden derselben noch einen Bindfaden. Die Korken legt man vor dem Gebrauch in kochendes Wasser, damit sie quellen und einen um so festeren Verschluß bilden. Nach Belieben kann man auch etwas mehr oder weniger Zucker zusetzen. Will man das Weißbier heller haben, so nimmt man statt des Braunbiers auch noch Bayrisch Bier. Nach 6 Tagen ist das Weißbier trinkbar; die Flaschen werden im Keller stehend aufbewahrt.

Das bekannte Weißbierglas darf natürlich beim Trinken einer „Weißen" nicht fehlen, und wer es noch liebt, etwas Himbeersaft zuzusetzen, dem mundet der Trunk gewiß ganz köstlich.

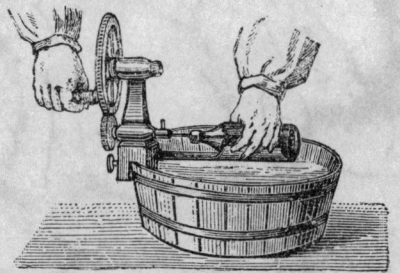

Flaschenreinigungsmaschine

Honig-Met selbst angesetzt

Wenn wir in lustiger Gesellschaft beim Glase Rebensaft oder Hopfen-bräu zusammen sitzen, so veranlaßt uns zuweilen die fröhliche Stimmung, der alten Germanen in dem allseits bekannten Liede zu gedenken: „Die alten Germanen, sie saßen am Ufer des Rheins und tranken immer noch eins" usw.

Doch wohl wenig kommt uns der Gedanke, daß unsere Vorfahren nicht wie wir Bier und Wein zu sich nahmen, denn Bier wurde vor der Zeitenrechnung noch nicht gebraut, auch Wein kannten sie noch wenig oder gar nicht, und dennoch waren sie ein mächtiger Volksstamm, sie erfreuten sich einer außerordentlichen Gesundheit und erreichten ein hohes Alter. Diese große Lebenskraft und ihr hohes Lebensalter schrieben sie meist dem *Meth, Honig-Met* oder auch *Honigwein* zu.

Daß dieses edle Getränk so wenig bekannt und an dessen Stelle so viele andere, oft durch Verkünstelungen nicht mehr gesunde Getränke gekommen sind, ist sehr zu bedauern. Nur in Rußland wird Met auch heutzutage noch viel getrunken, und seine Bereitung ist dort wie hier fast immer Sache der Hausfrau. Es sind in größeren Büchern über Bienenzucht vielfach Rezepte zur Herstellung des Honigweins enthalten, doch hört man oft Klage, daß der Versuch zu keinem günstigen Resultat geführt hat, darum möchte ich den werten Hausfrauen meine eigenen Erfahrungen zunutze machen.

Ich lasse in einen recht reinlichen, kupfernen Kessel 60—65 Liter *weiches* Wasser bringen. Ist es ziemlich warm geworden, so werden etwa 6 Liter Honig hinein gerührt; man läßt Wasser und Honig recht gelinde 1 1/2 Stunden sieden, zeitweilig wird der schmutzige Schleim, der sich oben ansetzt, abgeschöpft. Ist die Zeit des Siedens vorbei, so wird das Honigwasser in blechernen oder irdenen Geschirren ausgeschöpft. Sobald dieses dann so weit abgekühlt ist, daß es noch mehr Wärme hat als jenes Wasser, das in starker Sonnenhitze erwärmt wurde, so wird es in ein sehr sorgfältig gereinigtes Faß gebracht, der Spund wird darauf gelegt, aber nicht befestigt. Ist der Keller ziemlich warm, dann beginnt nach 5—10 Tagen die Gärung, und nach ungefähr 14 Tagen wird dieser junge Met in ein anderes Faß abgezogen; die Hefe muß natürlich zurückbleiben.

Im zweiten Faß dauert die Gärung ungefähr 10—14 Tage, und wenn der Honigwein ganz ruhig wird, daß man im Fasse nichts mehr hört, dann wird das Spundloch geschlossen. Nach 3—4 Wochen wird der Met hell und trinkbar auf Flaschen abgezogen. Gut verkorkt und in kalten Sand gebracht, moussiert er in einigen Tagen ziemlich stark.

Dieser so zubereitete Met ist nicht allein ein sehr gutes und kräftiges Getränk für Gesunde, sondern wird, da er leicht gekühlt gehalten wird, auch von Fieberkranken gern getrunken. Wenn Kranke weder Bier noch Wein genießen können, so ist ihnen ein solcher Honigwein ein wahres Labsal. Ich habe Familien gekannt, wo der Met nach obiger Angabe bereitet und in nicht zu großen Mengen getrunken, sowohl den Gesunden wie den Leidenden ein unentbehrliches Getränk war. Der Honigwein erfrischt, stärkt und regt wohltuend Geist und Körper an.

Nehmt euch daher ein Beispiel an den alten Germanen und setzt den Met wieder an die erste Stelle eurer Trinkgewohnheiten!

Großes Gärungsfaß zur Metherstellung

Entenzucht im eigenen Haus

In den letzten Jahren sind die Fleischpreise so rapide in die Höhe gegangen, daß die weniger bemittelte Familie kaum in der Lage ist, Fleisch zu kaufen, wenigstens nicht alle Tage.

Für unser Wohlbefinden ist aber eine Fleischkost durchaus nötig, und fast die meisten Menschen werden doch wenigstens nicht ganz darauf verzichten wollen. Für diejenigen, welche geringe Mühen nicht scheuen, möchte ich in folgendem darauf hinweisen, wie man Fleisch für die Küche mit geringer Mühe und wenigen Kosten sich selbst verschaffen kann.

Dies geschieht durch die Entenzucht. Man hat oft versucht, die Zucht der Enten als unrentabel hinzustellen, doch ich bin, gestützt auf eigene Erfahrung, anderer Meinung. Zwar fressen die Enten viel, unheimlich viel, doch ist dies eher ein Vor- als ein Nachteil. Ein Tier, das viel frißt, wächst auch schnell heran und wird bald fett. Ich kenne kaum ein Tier, welches so bald schlachtbar wird, wie die Ente. Ich habe Enten im Alter von drei Monaten geschlachtet, die durchschnittlich 5—6 Pfund wogen. Was nun die Kosten der Fütterung anbetrifft, so lassen sie sich dadurch bedeutend herabmindern, daß man nicht gleich Korn oder anderes Mastfutter füttert. Ich füttere vom ersten Tage an gekochte Kartoffeln vermischt mit Weizenkleie und klein geschnittenem Salat oder anderem Grünzeug. Die Weizenkleie ist sehr leicht, und man erhält, wenn man einen ganzen Zentner zu 5 Mark kauft, einen großen Sack voll. Kann es wohl noch ein billigeres Futter geben als dieses? Nur in den letzten 14 Tagen vor dem Schlachten gab ich Korn als Kraftfutter. Dabei wurden die Enten schon tüchtig fett. Sie würden noch schwerer geworden sein, allein es schien mir nicht rentabel, sie noch länger zu füttern, da sie vom dritten bis vierten Monat an nur langsam und wenig mehr zunehmen.

Ich züchtete die Pekingente, deren Rasse nach meiner Erfahrung wohl die beste von allen ist. Man erhält ihre Bruteier in den Geflügelzuchtvereinen, die es ja jetzt fast in allen Städten gibt. Man lasse sich aber durch die etwas hohen Preise nicht irre machen; diese Enten sind ja auch viel wertvoller als die gewöhnlichen Landenten. Man kann ja selbst später auch höhere Preise verlangen, wenn man Eier verkaufen will. Man glaube auch nicht, daß sich die Entenzucht nur allein für Landbewohner eigne. Nein, jeder, sei es in der Stadt, sei es auf dem Lande, der nur über einen eingefriedeten Hofraum verfügt, kann mit Erfolg Entenzucht betreiben. Man braucht nur ein flaches Gefäß so in die Erde zu graben, daß der Rand desselben mit dem Erdboden gleich ist. Gießt man nun täglich einige Male frisches Wasser in das Gefäß und füttert die Enten tüchtig, so wird der Erfolg nicht ausbleiben. Schließlich ist noch anzumerken, daß die Enten leicht aufzuziehen sind. Mir ist seit mehreren Jahren noch kein Tier eingegangen. Die Fütterungskosten für eine Ente im Alter von drei bis vier Monaten betragen nach meiner Erfahrung etwa 1 Mark, der Wert der Ente ungefähr 3 Mark. Das macht bei 20 Enten 40 Mark, die man durch geringe Mühe erspart hat. Der Wert der Federn, die, nebenbei gesagt, ganz wunderschön sind, ist dann noch nicht mit in Anrechnung gebracht. Außerdem bereitet die Entenzucht sehr viel Vergnügen.

Entenpaar

Zur Gesundheits-pflege

Vorbeugen ist besser als heilen

Eine ländliche Redensart lautet: „Maurerschweiß und Apotheker-
tropfen, das sind teure Sachen!" Wir könnten noch hinzufügen: Advoka-
tentinte und Doktorbesuche sind nicht billiger. Von der ersten können
wir uns befreien, wenn wir rechtschaffen und friedlich unsere Wege
gehen. Sagt auch ein Verslein „Es kann der beste Mensch ja nicht in
Frieden leben, wenn es dem bösen Nachbarn nicht gefällt," so findet
doch ein gutes Wort immer einen guten Ort.

Viel schlimmer ist es mit den Ärztebesuchen. Wie der Dieb in der
Nacht kommt plötzlich und ungeahnt eine Krankheit über unsere Lieben,
und damit sind den Doktor- und Apothekerrechnungen Türe und Tor
geöffnet. Es ist ja das Nächstliegende, daß zum Arzt geschickt wird, es
ist schon eine Beruhigung, wenn er den Patienten in seine Behandlung
nimmt. Viele Menschen werden bei plötzlichen Krankheits- und Unglücks-
fällen so kopflos, daß sie selbst nicht das geringste unternehmen wollen,
sondern alles dem Arzte überlassen.

Das ist nun sehr falsch und verkehrt. Besonders die Hausfrau sollte
sich bemühen, die ärztliche Kunst ein wenig verstehen zu lernen. Sie
kann damit unter Umständen nicht nur viel Geld ersparen, sondern auch
Sorge, Not und schlaflose Nächte, und womöglich eine schwere Krankheit im Entstehen verhindern und dem Arzt eine treue Hilfe, dem
Kranken eine erfahrene Pflegerin sein.

Vor allen Dingen beobachte sie bei der Kinderpflege die hygienische
Seite. Kalte Abreibungen vor dem Schlafengehen, bei welchen besonders
das Rückgrat berücksichtigt werden sollte, tragen sehr viel zur Gesundheit, Kraft und Abhärtung der Kinder bei. Nervosität und krankhafte
Aufgeregtheit dieser werden mit der Zeit durch tägliche kalte Abwaschun-
gen ganz sicher geheilt.

Ferner gewöhne man die Kinder frühzeitig an das Gurgeln mit kaltem
Wasser, auch empfiehlt es sich, diesem Wasser eine Prise Salz zuzusetzen,
der Hals wird dadurch widerstandsfähiger.

Heilgymnastik-Apparat „Sanitas", befestigt an der Tür einer Gartenlaube

Bei Heiserkeit, Husten und anderen beginnenden Halskrankheiten tut ein „Prießnitz" Wunderdinge. Man lege ein nasses, jedoch stark ausgewundenes leinenes Tuch fest um den Hals, binde ein dickes, wollenes Tuch darüber, legen den kleinen Patienten ins Bett und bringe ihn durch Wärmflaschen und dergl. zum Schwitzen. Bei Fiebererscheinungen helfen nasse Einpackungen sehr gut. Man muß jedoch große Vorsicht walten lassen und stets dafür sorgen, daß der Patient in Schweiß kommt.

Auch verschiedene Tees sind vorzügliche Heilmittel. So wirken Pfefferminz- und Kümmeltee gegen den verdorbenen Magen. Stiefmütterchen ist blutreinigend, ebenso Tausendgüldenkraut, Lindenblüte wirkt schweißtreibend, Kamille ist krampfstillend, Rhabarber befördert die Verdauung, Brombeerblätter und getrocknete Heidelbeeren tun die besten Dienste bei Durchfall usw.

Fällt ein Kind auf den Kopf, so kühle man so lange, bis alles Schmerzgefühl beseitigt ist.

Fein geschabte Schale vom weißen Flieder ist ein bewährtes Mittel gegen Brandwunden, vorausgesetzt, daß diese nicht offen sind. In diesem Falle sind Öl, auch Firnisumschläge sehr zu empfehlen. Sind Fremdkörper in das Auge oder ins Fleisch gedrungen, so verfahre man mit der größten Vorsicht und Reinlichkeit. Bei einem hartnäckigen Keuchhusten reibe man den Körper des betreffenden Kindes täglich wiederholt mit Terpentinöl ein, es ist ein sicheres Heilmittel. Hat sich ein Kind verschluckt, ziehe man die Arme hoch und klopfe den Rücken leicht. Bei Kopfschmerzen sind kalte Kompressen an Stirn und Genick ein sehr guter Helfer.

Auf jeden Fall tun solche Hausmittel die besten Dienste. Doch versäume man deshalb niemals, sobald ein Fall ernster erscheint, ärztliche Hilfe ohne jede Überlegung in Anspruch zu nehmen. Den Arzt zu spät zu fragen, ist vom Standpunkt der Sparsamkeit das Verkehrteste was es gibt: denn Gesundheit ist das höchste Gut!

Bewährte Schnupfenmittel

Vom Schnupfen, diesem lästigen Gaste, der sich oft wochenlang bei uns festsetzt und dann meist auch noch allerlei unliebsames Gefolge zurückläßt, als da sind Mattigkeit, Halsbeschwerden, Ohrensausen, bisweilen sogar auch Schwerhörigkeit, würden viele nicht so oft heimgesucht werden, wenn sie beizeiten die Schleimhäute des Rachens und der Nase systematisch abzuhärten gesucht hätten.

Es ist dies ein sehr einfaches Verfahren. Man beginne mit dem Aufsaugen von lauwarmem Wasser in die Nase, gurgelt und sucht dabei das Wasser so tief wie möglich in den Hals hinunterzubefördern. Ein gelindes Aufstoßen des Magens beweist, daß es tief genug drang. Dies täglich 1—2mal wiederholt, nur mit dem Unterschiede, daß man in Zwischenräumen von je 2 Tagen immer kühleres Wasser nimmt (eiskaltes jedoch nie!), ist ein vorzügliches, bewährtes Abhärtungsmittel gegen Schnupfen.

Ein weiteres Mittel soll hier erwähnt sein, dem unsere Voreltern sowohl als Vorbeugungsmittel gegen Schnupfen, als auch zu dessen Vertreibung mit Recht große Beachtung schenkten. — Es ist dies das echte *englische Riechsalz,* das man in Döschen zu 50 Pfennig in den Apotheken erhält. — Es ist, mit einer ganz geringen Dosis Karbol versetzt und so den Geruchsnerven zugeführt, von vorzüglicher Wirkung. — Letzteres empfiehlt sich als Vorbeugungsmittel hauptsächlich da, wo wir in engen, nicht genügend gelüfteten Räumen mit „Verschnupften" zusammen sein müssen, wie z. B. im Eisenbahnwagen usw. — als wirksames Vertreibungsmittel, wenn wir selbst die Verschnupften sind. — Sparsame Hausfrauen tun wohl daran, die erstere Methode — und ist's dazu schon zu spät, die zweitgenannte zu versuchen   sie werden mit dem Erfolge zufrieden sein!

Riechsalzdose

Das Mittagsschläfchen
vom Standpunkte der Sparsamkeit aus

Ich kenne seit langen Jahren eine Frau, die da unendlich oft sagte: „Ich halte es doch für eine Sünde, wenn ich mittags auch nur eine halbe Sunde schlafen sollte." Und doch hätte ihr diese Ruhe so not getan, denn sie arbeitete vom Morgengrauen bis in die Nacht, verdiente als tüchtige und gesuchte Schneiderin schönes Geld, ebenso ihr Gatte, und sie hatten nur ein einziges Kind. Heute ist diese Frau mit 45 Jahren müde, gebeugt, alt, vielleicht auch krank, ebenso der Mann, und ich glaube nicht, daß sie lange die Früchte ihres Fleißes, ihrer rastlosen Tätigkeit genießen können, daß sie ihr einziges Kind beschützen und beschirmen können, bis es selbständig im Leben stehen kann.

So wie diese Frau denkt und handelt, gibt es noch Hunderte, die meinen ihre Pflicht zu tun, wenn sie rastlos schaffen; sie blicken verächtlich auf diejenigen, die sich „ein Viertelstündchen nach Tisch" gönnen.

Diese Frauen sind trotz ihrer Pflichttreue, ihres Fleißes und ihrer Unermüdlichkeit nicht sparsam, denn sie verschwenden ihr köstlichstes Gut, ihre Gesundheit. Wer früh am Morgen aufsteht, vormittags tüchtig Haus und Küche oder im Geschäft oder an der Nähmaschine arbeitet, der kann sich nach Tisch mit ruhigem Gewissen ein halbes Stündchen Ruhe gönnen, wenn Körper- und Nervenkraft nicht erlahmen soll, denn er bedarf dieser als Stärkung mehr als Wein, Kakao und anderer Genußmittel. Jede tätige Hausfrau sollte das bedenken und sich auch an arbeitsreichen Tagen, wo die Zeit knapp ist, ihr Mittagsschläfchen nicht rauben lassen, denn eine kurze Ruhe macht wieder von neuem tatkräftig und arbeitsfreudig, macht Körper und Geist wieder elastisch. Die kurze Zeit der Ruhe kann im Laufe des Nachmittags durch erhöhte Arbeitskraft doppelt und dreifach wieder ersetzt werden. Unbedingt sollten Kinder und Hausgenossen dahin angehalten werden, daß sie das Mittagsschläfchen der Hausfrau nicht stören und ihr damit die notwendige Ruhe kürzen, die ihr oft viel mehr vonnöten ist als dem Hausherrn.

Doch, dieses gilt nicht für alle: Die Mittagsruhe befürworte ich nur für vielbeschäftigte Personen — Frauen, die oft nur vor Langeweile schlafen, bringt das Mittagsschläfchen keinen Gewinn.

Ich gedenke hierbei noch jener geplagten Hausfrauen und Mütter, die der Mittagsruhe so dringend bedürfen und sich solche nicht leisten können, die früh am Tage, vielleicht nach einer vielfach gestörten Nachtruhe, sich erheben, den Haushalt besorgen, die größeren Kinder zur Schule schicken, das Baby baden, und aufatmen, wenn dieses schläft, damit sie endlich das Mittagessen anrichten können. Schläft das Kleine nun so lange, bis das Essen fertig auf dem Tische steht, dann sind sie heilfroh, genießen vielleicht mit wenig Appetit hastig einige Bissen, vielleicht auch gar nichts vor Abspannung, widmen sich nun wieder dem Baby und versorgen es gründlich, damit dieses die Mittagsruhe des Hausherrn nicht stört. Solcher gequälten, müden, dem Zusammenbrechen nahen Frauen gibt es viele. Freilich, wenn diese dann krank, nervös und ausgemergelt sind, besinnt sich der Gatte vielleicht, daß er gefehlt hat. Wie bedauernswert sind solche armen, abgehetzten Menschenkinder! Bedenkt es also wohl, ihr geplagten Hausfrauen und Mütter:
Ein Weilchen nach Tisch, macht munter und frisch!

Platzsparender Bettstuhl, besonders geeignet für den kurzen Mittagsschlaf

Die Hausapotheke als Steckenpferd

Die häusliche Gesundheitspflege bildet eine der vornehmsten Aufgaben der Hausfrau. Sie ist der Schutzgeist des Hauses, und durch nichts kann sie besser und weiser sparen als durch richtig gehandhabte Pflege der Gesundheit ihrer Familienmitglieder.

Gesund leben heißt im besten Sinne des Wortes auch „sparen". Zur familiären Gesundheitspflege gehört neben richtiger Nahrung, richtiger Kleidung, bequemer Badeeinrichtung unstreitig auch die Hausapotheke. Oft dauert es lange, bis der Arzt zur Stelle ist, und was hilft die Kenntnis der ersten Heilmittel, wenn sie zur Zeit der Not nicht zur Hand sind? Reich ausgestattete Hausapotheken samt Anweisung sind in den Apotheken käuflich. Für verhältnismäßig wenig Geld können *Salmiakgeist* gegen Fliegenstiche, *Karbolwasser* zur Wundbehandlung, *Kampferspiritus* für Einreibungen bei Verstauchungen und Rheumatismus als krampfstillendes Mittel, *Senfmehlpapier* oder *Senfspiritus* zu Aufschlägen, um Blutandrang gegen innere Organe nach der Haut abzuleiten, ferner *Hoffmanns Tropfen, Heftpflaster, Eisbeutel* bezogen werden. Noch billiger und besonders zu empfehlen, weil es gleichwohl Spaß macht, ist das Sammeln von Heilkräutern. Auf Spaziergängen, Ausflügen, Landpartien ist Gelegenheit geboten, eine Menge davon zu sammeln. Sodann steht macher Hausfrau ein ungenutztes Plätzchen zur Verfügung, auf dem die Arzneikräuter gepflanzt werden können. Zu solchen Arzneimitteln, die mancherorts erworben werden können, ohne daß man einen Pfennig auszugeben braucht, sind zu rechnen: *Linden-* und *Holunderblüten* zu schweißtreibendem Tee; *Eibisch-* und *Malventee* gegen Brustkatarrh; *Kamillen-* und *Pfefferminztee* bei Kolik und Übelkeiten, dann *Wacholderbeeren, Wermut, Schafgarbe, Salbei, Bitterklee, Tausendgüldenkraut, Johanniskraut* und viele andere.

So erhält die Familie für wenig Geld eine Hausapotheke, die einer gekauften vollständig gleichwertig ist, aber den ungemein großen Vorzug hat, daß ihr Bestand größtenteils selbst gesammelt und verarbeitet wurde.

Tafel II Heilkräuter

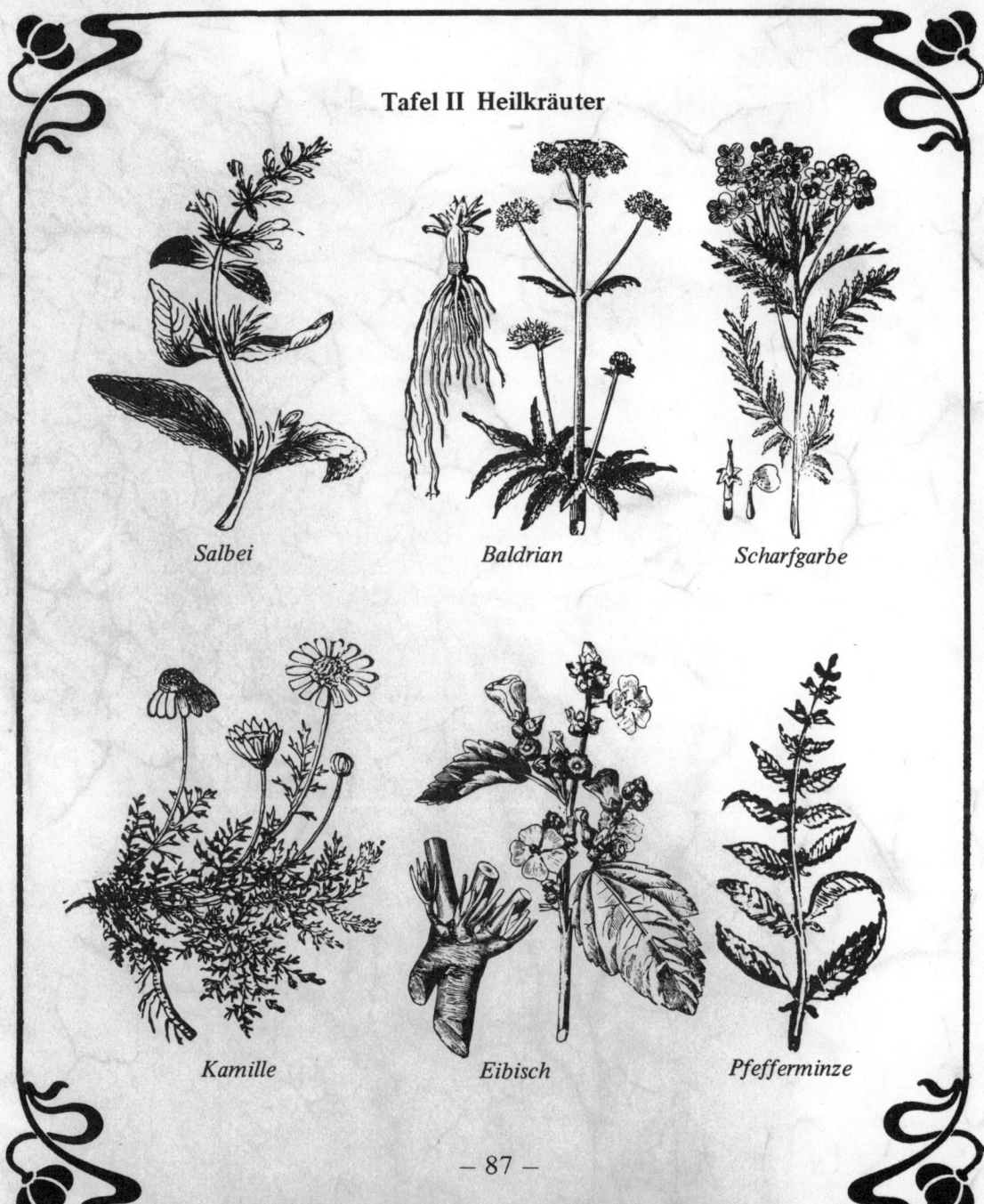

Salbei

Baldrian

Scharfgarbe

Kamille

Eibisch

Pfefferminze

Hausmittel zur Schönheitspflege

Die bekannten, einfachen Mittel, welche man von alters her gegen Unschönheiten und Schäden der Haut angewendet hat, sind für viele die besten und den neueren kostspieligen, die meistens doch nur Mischungen der alten Heilmittel enthalten, vorzuziehen.

Gegen glänzende Haut, durch übermäßige Ausscheidung des Hautfettes oder Hauttalges hervorgerufen, bewähren sich öfters täglich vorgenommene Waschungen mit *Borwasser*. Ein Eßlöffel voll Borwasser wird dem Waschbecken voll Wasser zugegossen. Wendet man beim Waschen Seife an, so ist *Kaliseife* zu empfehlen.

Zum Vertreiben von Sommersprossen verwendet man verdünnte, frische *Zitronensäure*. Damit werden die gelblichen Antischönheitspünktchen mehreremale täglich betupft. Auch kann man des Nachts hier und da mal frische Zitronenscheiben aufbinden. Am ratsamsten ist es, den Saft einer Zitrone vollständig auszupressen und ihn zugedeckt in einem kühlen Raume aufzubewahren; der Saft hält sich 3 bis 4 Tage lang.

Zur Glättung und Stärkung der Haut gegen Fältchen und Runzeln ist *Reinigungsbenzin* sehr zu empfehlen. In ein Waschbecken voll Wasser gießt man 5 bis 10 Tropfen und nimmt damit täglich 3 bis 4mal Waschungen vor. Benzin kräftigt und belebt die Haut und nimmt ihr das Schlaffe, und somit die Neigung zur Bildung von Fältchen und Runzeln.

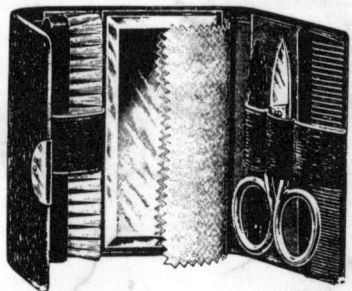

Praktische Taschentoilette

Tadellose Hände

Mancher Braut und jungen Hausfrau, welche notgedrungen in der Küche tätig sein muß, wird es unangenehm auffallen, daß ihre Hände unter der bis dahin ungewohnten Arbeit leiden. Sie werden rauh und röten sich. „Richtige Kochhände habe ich", muß sich solch ein Menschenkind gestehen. „Alle Leute sehen es mir an den Händen an, daß ich koche", klagt sie weiter. „Ach, wüßte ich doch nur ein Mittel, womit ich die Rauheit und die Röte verdecken könnte, denn nichts ist mir unangenehmer, als wenn man mich in jeder Gesellschaft fragt: Sie kochen gewiß selbst, nicht wahr? und dann mit einem flüchtigen Blick, der mir aber niemals entgeht, meine Hände streift."

Daß die Hände bei häuslicher Tätigkeit, hauptsächlich aber beim Kochen, nicht schön bleiben, ist Tatsache, und es läßt sich im Grunde auch nicht vermeiden.

Kochhände können aber ihre Weichheit und Glätte mit wenig Mühe wieder erlangen, indem man sich folgenden einfachen Mittels bedient:

Nach getaner Vormittagsarbeit, hauptsächlich bevor man sich zu Tisch begibt, wasche man die Hände in lauwarmem Wasser mit einer reizlosen Seife. Vor dem Abspülen der Seife tauche man die Hände in ein Schüsselchen mit feinem *Sägemehl* und reibe die Handflächen, die Handrücken, die Finger und Fingerspitzen sanft gegeneinander. Nachdem spüle man die Hände in lauwarmem Wasser ab, und der Erfolg ist blendende Weiße, Glätte und Weichheit.

Wird diese vollkommen mühelose, fast keine Zeit in Anspruch nehmende Prozedur täglich unternommen, so können Kochhände überhaupt gar nicht mehr aufkommen. Das Mittel ist einfach aber zuverlässig und hat außerdem noch den Vorteil, daß die Ringe durch das Sägemehl wie neu werden.

Eine tadellose Hand mit blitzendem Goldreifen wird auch dem gleichgültigsten Ehegatten lieber sein als eine ungepflegte!

Zur Haus- und Wohnungs- einrichtung

Die richtige Wohnung

Eine alte Regel sagt, daß man den sechsten Teil seines Einkommens auf die Wohnung verwenden soll. Im allgemeinen mag das ja zutreffend sein, obschon auch manche Schwankungen in der Berechnung vorkommen dürften. So wird ein Landbewohner wohl durchschnittlich einen geringeren Bruchteil seines Einkommens zur Wohnung brauchen, während der Stadtbewohner in den meisten Fällen nicht damit ausreichen wird.

Ist nun bei der Wahl der Wohnung Sparsamkeit ebensowohl am Platze, wie bei jedem anderen Geschäft, das man abschließt, so ist doch hier allzu große Knauserei eher zum Bösen als zum Guten. Dadurch, daß man aus Billigkeitsrücksichten eine unbehagliche Wohnung nimmt, opfert man in vielen Fällen seine Gesundheit, deren Wiederherstellung den Arzt und mit ihm eine Menge Geld notwendig macht. So gehen die ersparten Pfennige oft zu Talern vergrößert wieder verloren.

Will man sparen, so spare man nicht an der Güte der Wohnung, sondern an der Größe, das heißt, man nehme keine feuchte, ungesunde Wohnung, sondern lieber ein Zimmer weniger. Aber auch in diesem Punkte muß weise Maß gehalten werden, allzu knapp bemessene Räume rächen sich oft bitter. Namentlich sorge man für eine hinreichende Anzahl Schlafzimmer, nicht nur aus gesundheitlichen Rücksichten, sondern auch aus sittlichen Gründen. Das für eine gute Wohnung aufgewendete Geld bringt reiche Zinsen, wie schon durch das Gegenteil dargetan ist. Da man aber in manchen Fällen über die Bewohnbarkeit eines Hauses, namentlich bei Neubauten, im Zweifel ist, möchte ich kurz angeben, wie man die Feuchtigkeit einer Wohnung feststellen kann.

Man stelle in jedes Zimmer ein Gefäß mit *Chlorkalzium* (nicht Chlorkalk), welches in jeder Apotheke oder Drogerie zu haben ist. Am besten nimmt man zu diesen Versuchen ein Porzellangefäß. Das Gefäß wird häufig nachgesehen. Ist der Inhalt zur klebrigen Flüssigkeit geworden, so ersetzt man ihn durch neues Chlorkalzium, so lange bis es trocken bleibt. Erst dann ist die Wohnung trocken.

Auch kann man in ein fest verschlossenes Zimmer eine genau abge-
wogene Menge frisch gebrannten, fein gestoßenen *Kalk* bringen. Nach
24 Stunden wiegt man den Kalk. Beträgt die Gewichtszunahme mehr als
ein Prozent, so ist die Wohnung unbewohnbar.

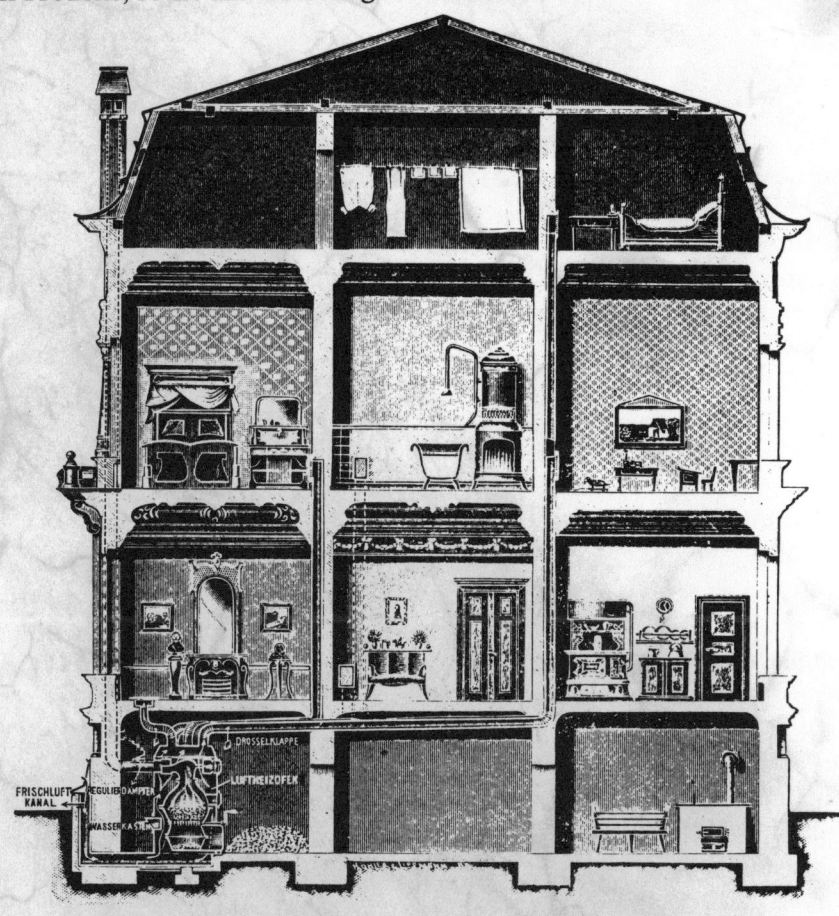

Querschnitt eines Wohnhauses mit zentraler Warmluftheizung

Ordnung im Hause

Zeit ist Geld, sagt der Geschäftsmann, und jeder Mann wird dieser Worte Wahrheit bestätigen. Die Zeit ist ein kostbares, unwiederbringliches Gut, jede Vergeudung ist ein Verlust – auch für die Hausfrau. Will sie aber viel von dem kostbaren Gute der Zeit gewinnen, dann muß sie sich streng an Ordnung gewöhnen, Ordnung in allen Zimmern, und nach einer bestimmten Ordnung ihre Arbeiten einrichten. Ein angenehmes und gemütliches Familienleben vermag sie ohne Ordnung nicht zu schaffen. Die Unordnung ist das beste Mittel, die gute Laune des Hausvaters und auch die eigene Zufriedenheit zu stören.

In einem geordneten Hauswesen muß jedes, auch das kleinste Ding seinen bestimmten Platz haben, die Nadel so gut wie der Kochtopf, der Fingerhut gleich den Tassen und Tellern. Haben die verschiedenen Dinge keine bestimmte Stelle, werden sie bald hierhin, bald dorthin gelegt und es muß beständig danach gesucht werden. Das Suchen ist aber eine fatale Sache, es kostet viel unnütz verschwendete Zeit, macht ungeduldig, mißmutig und regt leicht zu unnötigen Ausgaben an.

Kann man Feder, Bleistift, Nähnadel, Fingerhut oder sonstige kleinen Gegenstände nicht gleich finden, so heißt es nur zu leicht: „Franz oder Peter, gehe, um mir das Fehlende im Laden zu kaufen!" Hat die Hausfrau jedem Gegenstand seinen bestimmten Platz zugewiesen, so braucht sie sich nur daran zu gewöhnen, alle Dinge nach dem Gebrauche wieder an ihre Stelle zu legen, dann wird in ihrer Wohnung stets die schönste Ordnung herrschen, vorausgesetzt, daß sie sich auch dem andern Grundsatz der guten Ordnung fügt und alle Hausarbeiten zur richtigen Zeit verrichtet.

Die Zeit für jede einzelne Verrichtung genau zu bestimmen ist nicht möglich. Wohl muß die Hausfrau einige allgemeine Regeln durchaus beobachten, um Ordnung in ihre Arbeiten zu bringen. Unerläßlich ist frühes Aufstehen und nicht eher zur Ruhe gehen, bis alle Sachen wieder geordnet sind.

Nach dem Aufstehen sei das Auslegen der Betten die erste Arbeit, es folge die Bereitung des Frühstücks, darauf das Bettenmachen, Schuhreinigen, Lampenputzen, Kehren und Lüften der Zimmer. Bei Beginn der Zubereitung des Mittagessens müssen diese Arbeiten vollendet sein. Bis zur Besorgung des Abendessens ist Gelegenheit zum Waschen, Nähen, Stricken. Letztere Arbeiten müssen an bestimmten Tagen verrichtet werden. So diene der Montag zum Waschen, der Dienstag zum Bleichen, der Mittwoch zum Nähen und Flicken, der Donnerstag zum Bügeln, der Freitag zum Nähen und der Sonnabend zum Einkaufen und Putzen.

Bedingt der Notfall einmal eine Ausnahme von obiger Regel, so weiß die verständige Hausfrau schnell umzudisponieren, und zu jeder Zeit ist ihr Haus ein Muster der Ordnung und dadurch eben auch der Sparsamkeit.

Bügeleisengarnitur bestehend aus Spiritusgasbügeleisen, Bügeltuch, Spiritusflasche und Koffer

Wissen Sie was eine Kochkiste ist?

Das Kochen in der Koch- oder Heukiste wird bei uns immer allgemeiner. In allen Schichten der Bevölkerung findet es Beachtung. In den öffentlichen Kochschulen wird in der Kochkiste gekocht, auf Wunsch unserer Frau Großherzogin, die allen praktischen Neuerungen, auf dem Gebiete des Volkswohles insbesondere, gewogen ist.

Die Kochkiste soll es namentlich den Arbeiterfrauen ermöglichen, schmackhaftes, warmes Essen auf den Tisch zu bringen. Morgens werden die Speisen auf dem Herd an- oder gar gekocht und der Kochkiste übergeben. Sie kochen entweder langsam weiter oder werden bis Mittag heiß erhalten, ohne Gefahr zu laufen, je anzubrennen.

In vielen mir bekannten Familien wird die Kochkiste täglich benützt, dient sie auch nicht zu allen Speisen, so werden doch eine Menge darin gekocht, und diese zeichnen sich durch hohen Wohlgeschmack aus. Ißt man abends gerne Grieß- oder Reisbrei, so bringt man ihn beim Mittagkochen auf dem Herd oder Gas zum Kochen und stellt ihn in die Kochkiste.

Sauerkraut kann schon am Abend kochend hineingestellt werden, um anderntags Verwendung zu finden. Linsen, Bohnen, Erbsen ebenfalls, alles wird butterweich und wohlschmeckender als bei der gewöhnlichen Kochart. Bouillon erzielt man in der Heukiste ganz delikat; das Fleisch wird weich und saftig, was durch das ruhige, gleichmäßige Kochen kommt.

Man kann sich solche Heukiste mit Leichtigkeit selbst anfertigen. Eine gewöhnliche Kiste mit gut schließendem Deckel wird durch ein Brett in zwei Teile geteilt. Das Innere der Kiste wird nun fest mit Heu oder Holzwolle ausgestopft, daß man noch Platz für je einen Topf gewinnt. Ein Kissen wird ebenfalls dick gepolstert und mit diesem werden die Töpfe zugedeckt, um die kalte Luft abzuhalten; nun kommt der gut schließende Kistendeckel noch darauf, und der Kochapparat ist fertig.

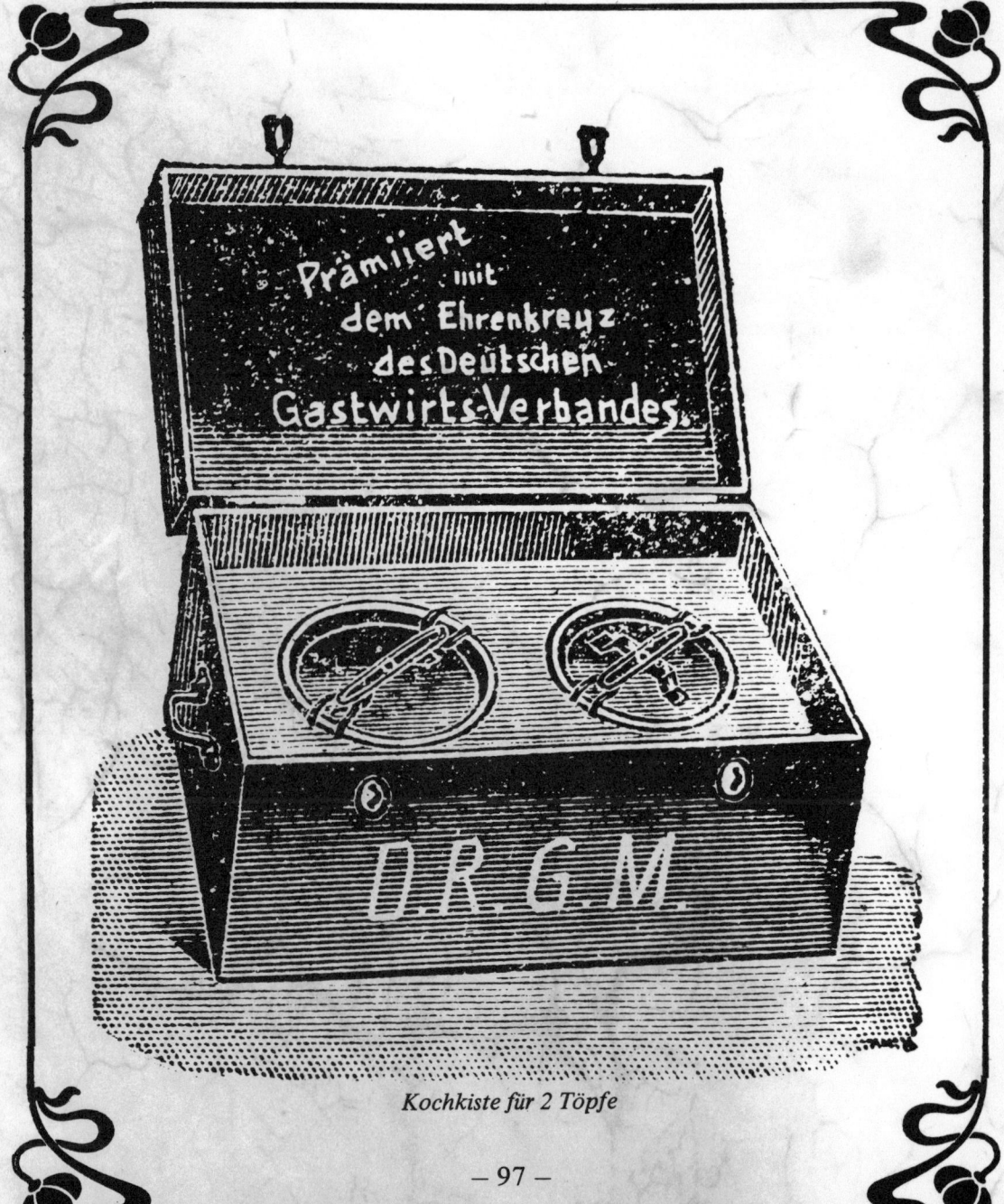

Kochkiste für 2 Töpfe

Einkauf von Möbeln

Beim Einkauf von Möbeln macht man häufig sehr große Fehler, indem man sich mehr um die Fasson, den Stil, das Äußere bekümmert, als um die Gediegenheit und den praktischen Wert. Diese Fehler bemerkt man dann hinterher beim Gebrauche. Das Holz reißt, geht aus den Fugen, wirft sich, Türen schließen schlecht, Kästen klemmen, Füße oder auch Verzierungsstücke gehen los, die Einrichtung im Innern zeigt sich unbequem, und auch das Äußere ist voll unnützer Ecken.

Am schlimmsten pflegen diese Mängel aufzutreten, wenn man bei einem Tischler auf Bestellung arbeiten läßt. Diese Leute haben meist weder Platz noch Geld, Hölzer in größeren Mengen zu lagern und richtig austrocknen zu lassen. Künstliche Trockenvorrichtungen haben sie erst recht nicht. Halbgrünes Holz wird verarbeitet. Alles sieht dann wohl recht solide aus; die Freude dauert aber gar nicht lange, besonders wenn die Zeit des Heizens beginnt und das Holz zu schwinden anfängt.

Man handelt ganz entschieden am besten, wenn man sich an große bewährte Fabriken oder Magazine wendet. Ich habe damit die besten Erfahrungen gemacht. Die großen Fabriken kaufen Hölzer und alles Zubehör billiger ein als die kleinen. Sie arbeiten mit allen Mitteln der modernen Technik und haben die besten Werkmeister. Die Preise sind nicht etwa gering. Nicht all und jeder ist sogleich geneigt, z.B. für einen Schreibtisch 225 Mk. oder gar 475 Mk. auszugeben. Doch wenn man sich die Sache näher ansieht, die Vollkommenheit der Einrichtung, und fast alles von hartem Holz, in bester Eiche ausgeführt, dann findet man bald, daß so ein Stück doch etwas anderes ist, als wenn man sich ein leichtes Möbel für 75 Mk. hinstellt.

Schreibtisch

Platzsparender Bettschrank besonders geeignet für kleine Wohnungen

Heißes Wasser aus dem Gasbadeofen

Die moderne Technik hat unser ganzes Leben umgestaltet in einem Umfange, dessen wir uns gar nicht bewußt sind, weil wir mit allen diesen Neuerungen aufwachsen und sie als etwas Selbstverständliches hinnehmen.

Könnten aber unsere Urgroßeltern einen Blick in die heutige Welt tun, wie würden sie staunen über die Veränderungen, die darin vorgegangen sind und sich bis in die kleinsten Details eines Privathaushaltes erstrecken. Heutzutage muß man nur verstehen, von den auf allen Gebieten bestehenden modernen Einrichtungen den praktischsten Gebrauch zu machen. Welch wirtschaftliche Vorteile ergeben sich z.B. aus der Benutzung des Gases! Denn Gas gibt nicht nur Licht, sondern auch Wärme und Kraft unter so vorteilhaften Bedingungen, daß es schade ist, wie wenig diese Vorzüge von der großen Allgemeinheit anerkannt werden.

Die Verwendung des Gases als Lichtquelle ist allgemein bekannt, auch so die Ausnutzung des Gases zum Kochen und Heizen — aber ebenso angenehm, praktisch und billig ist die Erwärmung des Wassers mittels Gas für Küche und Badezimmer, sie ist nicht warm genug zu empfehlen. In 10–15 Minuten kann man ein warmes Vollbad bei einem Gasverbrauch von 8–10 Pfg. haben. Natürlich muß man einen gut funktionierenden Gasbadeofen haben. Sofort nach dem Anzünden des Gases geben sie einen kontinuierlichen Strom heißen Wassers, dessen Temperatur leicht und schnell reguliert werden kann. Das warme Wasser ist absolut rein und kann daher unbedenklich auch für Speise- und hygienische Zwecke verwendet werden.

Die Apparate werden in verschiedenen Größen sehr solid, nur aus starkem Kupfer hergestellt, wovon die kleineren speziell für Ärzte, Zahnärzte, Friseure, Toiletten und Küche und die größeren für Badezimmer geeignet sind.

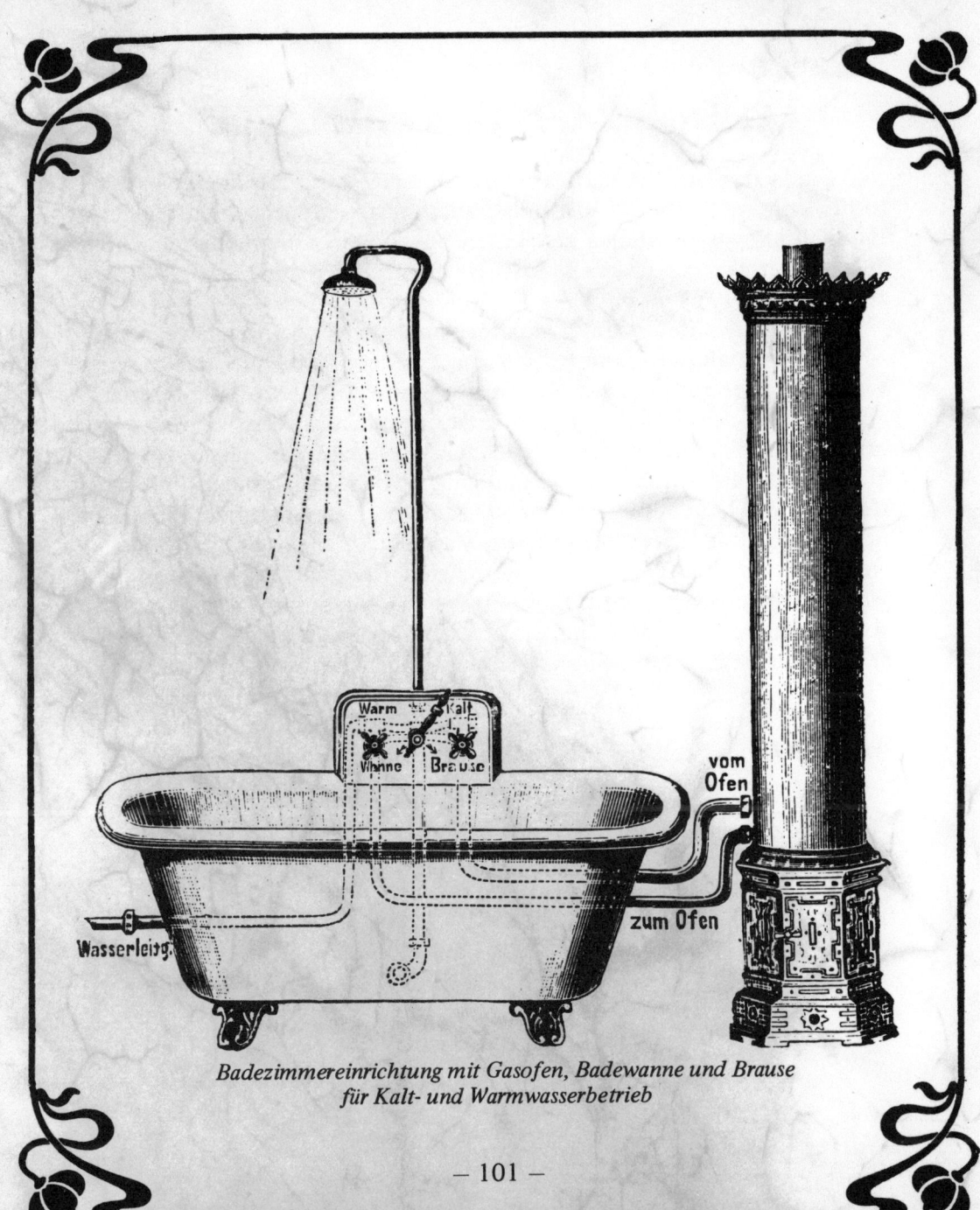

Badezimmereinrichtung mit Gasofen, Badewanne und Brause
für Kalt- und Warmwasserbetrieb

Helfer bei der großen Wäsche

Die industriellen Fortschritte der letzten Jahrzehnte kommen zu einem nicht geringen Teil auch uns Hausfrauen zugute, indem auch für den Haushalt allerlei Maschinen geschaffen oder schon vorhandene ganz bedeutend verbessert wurden, um der Hausfrau sehr viel Arbeit und Mühe zu ersparen.

Einen breiten Raum unter den regelmäßig wiederkehrenden großen Arbeiten im Haushalt nimmt die Reinigung der Wäsche ein, und es war verständlich, wenn der Hausfrau schon einige Tage vor dieser Periode ein gelinder Schauer überkam. Heute ist das anders. Unsere Fabrikanten bringen eine Unmenge der verschiedensten Waschmaschinen auf den Markt, welche die früher so zeitraubende Arbeit des Waschens mit der Hand auf ein Minimum zusammenschrumpfen lassen. An der Hausfrau liegt es nun, unter den vorhandenen Maschinen diejenige auszuwählen, welche ihr für ihre Zwecke am geeignetsten erscheint. Bereitet man die Wäsche genau so vor, wie zur Handwäsche, so ersetzt eine Waschmaschine vollständig die reibende Hand, greift die Wäschestücke nicht an und beseitigt vollständig allen Schmutz, so daß jedes Nachwaschen überflüssig ist. Waschmaschinen sind sehr zweckmäßig konstruiert und deshalb von höchster Leistungsfähigkeit und Haltbarkeit, und Gleiches gilt auch von Wringmaschinen, welche in verschiedenen Größen fabriziert werden.

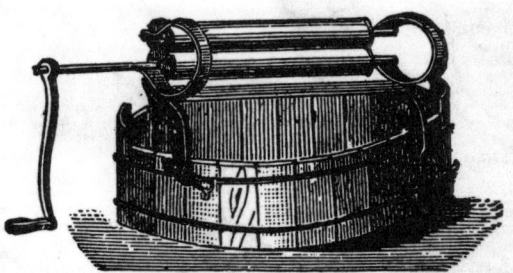

Wringmaschine älteres Modell

Tafel III Waschmaschinen

Einfache Waschmaschine
für den Handbetrieb

Wäschemangel für den Tischbetrieb

Waschmaschine „Saalfeldia"
mit Wringapparat

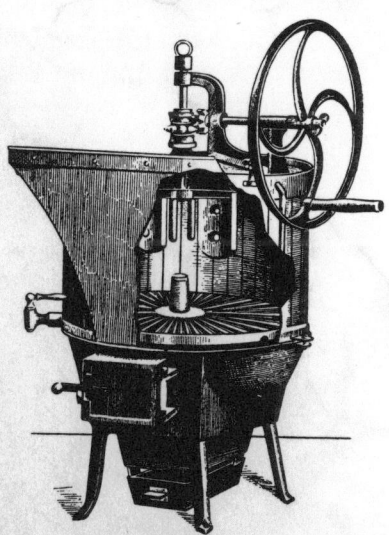

Waschmaschine „Hanna" mit Heizofen
und Kurbelradantrieb

Der Wäscheschrank

Der Wäscheschrank ist der heimliche Reichtum oder die verborgene Armut der Hausfrau, sagten unsere Großmütter, die gute und dauerhafte Wäsche in möglichst großer Anzahl, wie es damals Sitte war, als ihren höchsten Stolz betrachteten. In heutigen Zeiten werden nicht mehr so viele „Dutzend" angeschafft, aber alles soll mit Spitzen und Stickerei verziert sein. Man kann sich beim Kaufe einer Ausstattung diesem herrschenden Geschmack nicht ganz entziehen, soll aber doch ein weises Maß darin halten.

Die jungen Frauen, die als Bräute nur auf die Schönheit und Zartheit der Wäsche achten, sehen bald ein, daß es für den täglichen Gebrauch unpraktisch und teuer ist, Leib- und Bettwäsche allzusehr verziert zu nehmen. Wird im Hause gewaschen, so ist des Bügelns kein Ende, und wird die Wäsche fortgegeben, so gibt es große Rechnungen und oft Ärger und Verdruß über zerrissenen Besatz. Hat man Bedienung genug, so wird es billiger sein im Hause zu waschen, muß man aber fremde Hilfe nehmen, dann springt nichts dabei heraus. Doch empfiehlt es sich, im Hause zu bügeln und die Wäsche bei der Wäscherin nur mangeln zu lassen. Nicht allein, daß man an jedem Stück dadurch etwas Geld spart, namentlich wenn die Plätteisen zur Kochzeit heiß gemacht werden und keines besonderen Feuers bedürfen, sondern man spart auch Zeit, indem man die Wäschestücke noch vor dem Bügeln nachsieht und etwaige Schäden stopft oder flickt; man kann sie dann später so hübsch glatt in den Wäscheschrank bringen, und die Ausbesserungen fallen viel weniger auf.

Bettücher, zur rechten Zeit „gestürzt", wie der technische Ausdruck heißt, gehen noch lange Zeit ungeflickt mit. Bettbezüge werden oben am schnellsten schlecht, weil sie dort am schmutzigsten werden. Fangen sie dort an, dünn zu werden, so nehme ich das Fußende nach oben. Gut gemacht, fällt das sehr wenig auf, unter die dünnen Stellen kommt ein ganz leichter Schirting oder gebrauchtes Leinen, die Knopflöcher schenke ich mir dabei und setze Bänder an. So merkt man wenig von der Flickerei, während ein Stück neues Zeug oben angesetzt ziemlich viel kostet und zum guten Aussehen wahrlich nicht beiträgt.

Kissenbezüge stopfe ich ganz fein und benutze sie für die unteren Kissen. Auch habe ich schon zwei untere Hälften — auch die Kissenbezüge leiden oben am meisten — aneinander gesetzt. Bettbezüge, die als solche gar nicht mehr mittun wollen, lassen sich noch als Kissenbezüge oder Plättücher usw. verwenden. Die Bezüge nur mit Knopflöchern zu versehen und einen Knopfstreifen unterzulegen, ist bei weitem der früheren Methode vorzuziehen. Wieviel Ärger, Arbeit und wie mancher Groschen für die schönen, großen Knöpfe, die immerfort zerrollt werden, wird dadurch gespart.

Im allgemeinen wird man gewiß nicht in der Weise sparen wollen, daß man die Wäsche zu lange benutzen läßt, aber das frisch zu einem Besuch oder Spaziergang genommene Taschentuch kann sehr wohl noch für den anderen Tag zurückgelegt und im Hausanzug ein gebrauchtes benutzt werden; das Tischtuch muß geschont und die Küchentücher dürfen nur zu ihrem wirklichen Zwecke und nicht als Topflappen genommen werden —, dafür wird die sparsame Hausfrau sorgen.

Langschiffchen-Nähmaschine für den Hausgebrauch

Schrankeinlagen aus Wachstuch

Um das schlecht aussehende Anschmutzen des Holzes in den Kleider-schränken, Fächern oder Schubladen zu verhindern, kaufte ich mir beim Anstreicher kleine Reste von hellgrau und weiß gemustertem Wachstuch, die man oft billig erhandeln kann.

Dann schnitt ich sie passend für ihre Bestimmung und faßte die drei Seiten mit blauer, roter oder auch schottischer Wollspitze, wie es gerade am besten zu den Schlafzimmern paßte, sorglich ein. Die vierte, vordere Seite jedoch schnitt ich vor dem Einfassen erst in gefällige Zacken, die allerdings etwas unbequem zu bearbeiten sind, aber dafür ein desto net-teres Aussehen haben. Ein jeder bewundert staunend meine stets sauber und hübsch ausgelegten Fächer und Schubladen, und schon mancher hat mir diese kleine, angesehene Arbeit nachgemacht.

Die Wachstucheinlagen verhindern nämlich das Beschmutzen des Hol-zes und ersparen uns dadurch die Zeit und die Seife für das lästige Aus-seifen der Möbel.

Hoffentlich werden viele der praktischen Hausfrauen meinem Rate, ihre Schubladen, Fächer, Spinde und sonstige Möbel mit diesen nied-lichen Wachstuchdeckchen auszukleiden, folgen, und sich dafür oftmals ihres Nutzens erfreuen.

Als Unterlage für die Waschschüsseln, zur Schonung der Marmorplatte, fertigte ich mir ebenso Wachstuchdeckchen an, da die Stoffdeckchen leicht naß und stockig werden können. Ich schnitt sie rund, der Größe der Waschschüsseln angemessen, zackte sie alsdann aus und faßte sie wiederum mit der bunten, passenden Wollitze ein.

Auch für Seifen- und Zahnbürsten-Behälter wie für die Wasserflasche machte ich dieselben Unterlagen, so daß ich nun im Besitze einer voll-ständigen Garnitur bin, die mir sehr gute Dienste erweist und mit gerin-gen Kosten herzustellen ist.

Eine preiswerte Schreibmaschine

Eine wirklich billige Schreibmaschine, mit der es nach einiger Übung möglich ist, eine saubere Schrift zu erzielen, liefert unter der Bezeichnung „Le Nouveau Siècle" die Firma G. Meyer in Paris.

Das zu beschreibende Papier wird in den seitlichen Spalt des Halters gelegt und durch eine Feder festgeklemmt, worauf man den Halter nach Anheben des Greifers der Schreibmaschine in letztere einschiebt. Um zu schreiben, drückt man mit der rechten Hand nun leicht auf den Kopf derjenigen Zunge, über welcher der zu schreibende Buchstabe angebracht ist, und bringt diese in den am Rand der Deckplatte versehenen Ausschnitt. Hält man die Zunge an die rechte Seite dieses Ausschnittes und drückt gleichzeitig mäßig stark auf den Drücker, so schreibt die Maschine große Buchstaben. Hält man die Zunge dagegen links an und drückt, so erhält man kleine Buchstaben. Die Schreibtypen befinden sich auf einer in der Maschine angeordneten Gummischeibe, die nach Lösen der die Deckplatte haltenden Schraube mittels eines Pinsels leicht mit Stempelfarbe versehen werden kann.

Diese Maschine ist für nur 8 Mark franko jeder deutschen Station zu beziehen und damit eine wirklich billige Schreibmaschine für Haushalt und Büro.

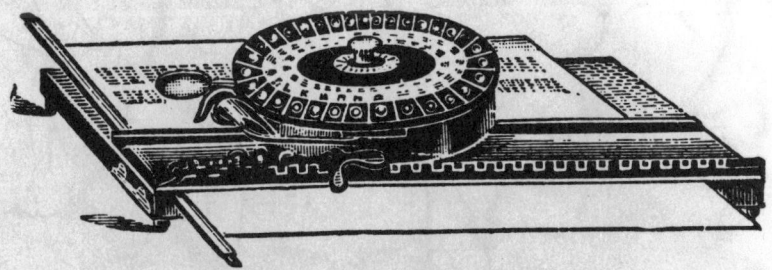

Schreibmaschine „Le Nouveau Siècle"

Zur Kleidungsfrage

Wie kleide ich mich
sparsam und doch elegant?

Die Frage: Wie kann ich in der Kleidung sparen? ist nicht von allen und nicht für alle Damen in gleicher Weise zu beantworten. Es ist dabei zu beachten, ob man in einer Großstadt oder an einem kleinen Platze wohnt, und in welcher gesellschaftlichen Sphäre man sich bewegt. Was für die eine sehr gut und anständig sein würde, kann die andere auch mit dem besten Willen zum Sparen nicht tragen, ohne von ihren Bekannten über die Achsel angesehen zu werden. Ein anderes, wichtiges Moment in dieser Frage bildet die Figur der betreffenden Dame; eine weniger gut Gewachsene muß besonders darauf sehen, daß ihr Kleid gut gemacht ist, während Kleider für eine gute Figur viel leichter gearbeitet werden können.

Gewiß ist ein Kleid, im eigenen Hause oder in der Schneiderstube einer Näherin gearbeitet, für den Augenblick bedeutend billiger als das aus einem Konfektionsgeschäft. In einem töchterreichen Hause wird sich auch die bestsituierte Mutter immer Schneiderei ins Haus nehmen, die jungen Mädchen lernen dabei nicht allein, was zu einem Kleide an Stoff, Besatz und dergleichen nötig ist, sondern auch die leichteren und immer wiederkehrenden Arbeiten daran. Einen Rock mit neuem Schweif und Borte oder neuer Tasche zu versehen, eine hübsche Schleife oder Rüsche zu machen, soll jedes Mädchen verstehen. Kleider selbst machen, das erlernen nur die wenigsten, das erfordert eine beständige Übung und viel Geschick.

Ferner kann, was für eine Größere und Stärkere nicht mehr paßt, für die kleinere Schlanke immer noch hübsch hergerichtet werden. Es können ferner Kleiderröcke zu Unterröcken und Straßenkleider zu Hauskleidern umgearbeitet werden, und manches Stückchen Band oder Spitze findet Verwertung, woran man bei der Bestellung eines Kleides im Geschäft entweder gar nicht gedacht oder sich nicht erlaubt hat, es dem Verkäufer oder der Direktrice anzubieten.

Garmssche Unterkleider:
links Hemdhose, rechts Rockhemdhose mit Unterrockvolant

Aber, das wird jede Dame anerkennen, niemals sitzt das im Haus gearbeitete Kleid auf die Dauer so gut wie das aus einem guten Geschäft. Nicht allein der Schnitt ist da besser und die ganze Aufmachung schicker, sondern auch die Arbeit ist meistens besser, das Kleid kommt nicht aus der Fasson, und wenn man solide und nicht auffallend wählt, bleibt es länger modern aussehend. Und das ist ein großer Vorteil, denn man kann ein solches Kleid viel länger tragen und trägt es auch wirklich viel länger; man nimmt es nicht in Empfang, ehe es nicht vollkommen gut und bequem sitzt, dann aber behält man seinen Preis sehr wohl in Erinnerung und sucht ihn nach besten Kräften auszunutzen.

Nun aber das im Hause gearbeitete: Nach einiger Zeit findet man, daß es hier und da nicht mehr gut sitzt — wenn es überhaupt jemals gut gesessen hat — die Schneiderei geht von neuem los, es wird neuer Stoff oder anderer Besatz gebraucht, und man rechnet dabei lange nicht so genau, wie man sollte, weil man die Zutaten gewöhnlich einzeln kauft, und Essen und Bedienung der Schneiderinnen werden erst recht gering angeschlagen. Wer einmal berechnet, was die verschiedenen Änderungen an ein und demselben Kleide gekostet haben, der wird finden, daß es schließlich ebenso teuer war, aber niemals so gut wie das aus dem Konfektionsgeschäft, das jahrelang unverändert getragen werden kann.

Das Allerwichtigste, um bei den Kleidern zu sparen, besteht für eine Dame darin, daß sie diese so lange wie möglich gut erhält. Ein Besuchs- oder Straßenkleid darf nicht im Hause getragen werden. Das ist eine Regel, von der man nie abweichen sollte. Hütet man sich dabei vor Flecken und Rissen, bürstet gut und läßt niemals ein Kleid umherliegen, sondern bringt es sofort nach Benutzung in den Schrank, hängt die Taille nicht an einen Haken, sondern über einen Kleiderriegel, steckt helle oder seidene Kleider dabei noch in einen sauberen Kleidersack, so bleiben gut gearbeitete Kleider jahrelang auch bei häufigerem Gebrauch gut erhalten und sehen immer sauber aus.

Modische Salonkleider

Aus einem Besuchskleid wird ein Straßenkleid, wenn es solide gewählt war. Das Straßenkleid schließlich zum Hauskleid, Unterrock oder zu Kinderkleidern zu machen, bleibt natürlich der Hausarbeit überlassen. Es ist sehr von Belang, daß man versteht, ein Kleid richtig zu schürzen oder aufzuheben. Nicht allein, daß es wenig anmutig aussieht, wenn man es ungeschickt oder unachtsam hebt: in dem Falle vermag ein einziger böser Regentag das schöne Kostüm zu verderben. Auch ist es besser, den Regenschirm oftmals umsonst mitzunehmen, als ihn einmal im Notfalle nicht bei sich zu haben. Immer ist es von Vorteil, und man erspart manchmal eine Neuanschaffung, wenn man sich beim Kauf eines Kleides Stoff zu einem Paar Ärmel oder zu einer Vordertaille hinlegt.

Ebenso wie bei Kleidern sollte man auch für Umhänge, Hüte, Schirme, Stiefel, Handschuhe, Untergarderobe, Wäsche, überhaupt für alles, was das Gebiet der Kleidung umfaßt, die Frage des Sparens weniger durch die billige Herstellung als durch die möglichste Schonung zu lösen suchen, dabei immer einfache, solide, gute und geschmackvolle Sachen wählen, die nicht auffallen.

Wenn man Ausartungen der Mode nicht mitmacht, erscheint man lange in derselben Garderobe nicht unmodern. Dabei soll man sehr auf gute Stoffe sehen, auch in kleineren Dingen. Ein guter Sammet kann mehrere Male auf eine neue Hutform gezogen, gute Bänder und Federn können immer wieder benutzt, selbst Blumen können aufgefrischt werden.

Auch von Herrenanzügen soll man sich stets reichliche Flicken und außerdem passende Knöpfe aufheben. Es ist praktisch, zu einem Jackett zwei Paar Beinkleider zu nehmen oder den Stoff zu einem Paar beim Schneider zurücklegen zu lassen; ein Jackett hält immer zwei Paar aus, und zu den meisten paßt ein andersfarbiges oder andersgemustertes schlecht, so daß auch das Jackett an Wert verliert. Auch die Herren müssen im Hause ein älteres Jackett oder eine Hausjoppe tragen.

Zerrissene Textilien einfach geflickt

Gewiß wird manche verehrte Leserin sehr ungläubig lächeln, wenn sie liest, daß man Risse und kleine Löcher in Stoffen mit dem Bügeleisen zuplätten kann. Mir selbst erging es so, bevor ich mich von der Tatsache überzeugt hatte.

Daß Dreiecke, die man sich so leicht einmal in den Kleiderrock reißt, gestopft oder geflickt sehr häßlich aussehen, und manchmal sogar eine ganz neue Bahn erforderlich machen, muß mir eine jede Dame zugeben. Diese Risse sind nun ganz vorzüglich auf eine ganz einfache Art und Weise mit *Guttaperchapapier,* welches in jedem Drogengeschäft oder in der Apotheke sehr billig zu haben ist, zuzuplätten.

Hat man einen Riß im Kleid, so legt man die auszubessernde Stelle auf eine Plättdecke oder ein Plättbrett, die rechte Seite nach unten, schiebt die beiden Kanten des Risses dicht nebeneinander, streicht den Stoff glatt, legt ein größeres Stück Guttaperchapapier, und wieder einen größeren Stoffteil darüber, nimmt dann das heiße Bügeleisen und fährt einige Male über die aufeinandergelegten Flicken. Nach Abkühlung sitzt der Flicken fest, und man staunt, wie wenig von dem auf diese Weise zugeplätteten Riß zu sehen ist — ja, ich habe sogar oft den Riß erst wieder suchen müssen.

Will man nun ein Loch zuplätten, allerdings darf es nicht zu groß sein, so legt man auf das Loch erst einen nach dem Muster geschnittenen Flicken, so daß das Gewebe nicht entgegengesetzt läuft, und verfährt weiter damit wie schon angegeben. Auch Mottenlöcher lassen sich zuplätten. In helle Waschstoffe jedoch sollte man selbstverständlich keine Flicken einplätten.

Vom Putzmachen,
das zur Sparsamkeit beiträgt

Wenn die praktische Hausfrau nur einiges Geschick besitzt, so dürfte es ihr nicht schwer werden, sich im stillen Kämmerlein zur Putzmacherin heranzubilden und die Hüte der weiblichen Familienmitglieder selbst herzustellen. Sie erspart damit eine immer wiederkehrende Ausgabe. Nach kurzer Übung gelingt das „Putzmachen" vortrefflich und geht leichter als man denkt, denn die Modelaune ist ja so vielgestaltet, und in den Schaufenstern sieht man so viel Schönes, daß man mit geschickten Fingern die Schleifen und Ösen bald nachmachen kann.

In erster Linie möchte ich aber auch hier für die Verwendung der Reste sprechen, den Überbleibseln von Seidenstoffen, Band und Sammet, die reizende Hüte abgeben, wenn man damit z.B. den abgeschnittenen Kopf eines alten Strohhutes bezieht und ringsherum krause Gewinde von golddurchwirkter Ballgaze legt. Mit ein paar hochstehenden, durch Blumendraht gestützten Schleifen erhält man ein richtiges Theaterhütchen. Oder ein gelb gewordener Strohhut, dessen Kopf durch ein dazwischengesetztes Stück Pappe erhöht wird, wird vollständig in Wasser getaucht, der äußere Rand in moderner Form gebogen und bis zur vollständigen Trockenheit beschwert, dann nimmt man einen dazu geeigneten Lack und bestreicht den Hut, der glänzend und wie neu wird, und garniert ihn später mit gemaltem oder einfarbigem Bande.

Zum Putzmachen gehören ja auch die modernen Halsrüschen und Einheftestreifen, die man aus jedem Gaze- und Mullrest anfertigen und mit der Maschine zusammensteppen kann.

Gebrauchte, unansehnlich gewordene Schleier werden vor dem Plätten mit Spiritus abgerieben, ebenso gewaschene Spitzen.

Federn kräuselt man, indem man Salz auf die heiße Herdplatte streut und, sobald es knistert, die Federn darüber hält — und vieles mehr! Übung macht auch hier den Meister!

Angehende Putzmacherin, die neue Kreation im Spiegel betrachtend

Kinderstrümpfe,
die man nicht zu stopfen braucht

Ohne Scherben geht es bei keinem Umzuge und bei keinem großen Reinemachen ab — und ohne einen Korb voll reparaturbedürftiger Strümpfe bei keiner Wäsche, zumal dann, wenn fast unaufhörlich eine Anzahl Kinderfüße im Hause umhertrippeln.

Eine sparsame Hausfrau und Mutter stopft und repariert, solange die Strümpfchen es wert sind. Es kommt ja auch nicht so darauf an, wenn die Kinderchen im Hause mit Strümpfen umherlaufen, die nicht nur an den Hacken und den Spitzen, sondern auch an den Knien gestopft sind. Eine Mutter müßte schon tief in den Geldbeutel greifen können, wenn sie solche Strümpfe gleich ausrangieren könnte.

Anders ist es allerdings, wenn die Familie in das Bad oder in die Sommerfrische gehen oder eine Besuchsreise unternehmen will, da können solche Strümpfe nicht in Betracht kommen. Jede Mutter muß da ganz bedeutende Neuanschaffungen machen, wenn sie nicht schon lange den Vorteil wahrgenommen hat, der ihr durch den Kauf von Kinderstrümpfen mit *einsetzbaren Socken, Hacken* und *Spitzen* erwächst. Wie schnell sind aus einem Paar Strümpfen die zerrissenen Hacken oder Spitzen herausgetrennt und durch neue tadellos ersetzt, wie schnell auch ein neuer Fuß angesetzt! Solche Strümpfe können dann ohne Bedenken zu der Reisegarderobe gelegt werden. Jede Mutter kann sich viel Mühe und Arbeit ersparen, wenn sie solche Strümpfe besitzt. Die Ersatzstücke sind nicht teurer als das Garn, welches zum Stopfen gebraucht würde, ganz abgesehen von der Zeit und der Mühe, die das Stopfen der Strümpfe nach jeder Wäsche erforderte.

Schließlich sind diese praktischen und empfehlenswerten Strümpfe in der Anschaffung durchaus nicht teurer als die anderen üblichen Arten.

Auf diese Weise trägt auch die Verwendung der richtigen Kinderstrümpfe zur Sparsamkeit bei, was ganz gewiß auch der Hausherr zu würdigen bereit ist.

Das zweckmäßige Reisenachthemd

Es gibt kein ungemütlicheres Gefühl, als auf der Reise in den meist noch feuchtkalten, frischen Bezügen der Hotelbetten liegen zu müssen. Namentlich in den kleinen Städten, wo die Bezüge oft nicht nach jeder Benutzung gewaschen, sondern nur eingesprengt und gerollt werden, wenn sie nur eine Nacht gebraucht worden sind. Ebenso ist es in den Sommerfrischen, wo die Betten den ganzen Winter unbenutzt liegen und von der feuchten Luft leicht klamm werden.

Ich habe nun bei einem Verwandten, der viel auf Reisen ist, ein Reisenachthemd gesehen, welches ich als sehr praktisch empfehlen kann. Das Hemd ist so lang, daß es noch umgeschlagen werden kann, wenn man sich im Bett ausstreckt, weit genug, um aus- und angezogen zu werden. Es ist von feinem Flanell, wie ein Herrennachthemd gearbeitet, auch im Sommer sehr angenehm, weil es bei großer Hitze oft allein ohne Decke genügt. Es schützt den Körper vor Berührung mit den Betten und auch vor etwaigen Ansteckungen. Man braucht zu den Hemden von dem einfachen breiten Flanell 5–6 Meter, doppeltbreit dementsprechend weniger; aber immer zweimal die Länge. Die Ärmel fallen bei doppeltem Stoff ab.

Flanell ist ja sehr verschieden im Preis. Ich habe nun meinen Sohn, der Reisender ist, eben solche Hemden machen lassen und nahm dazu Trikotstoff von recht feiner Wolle. Mein Sohn ist ebenso damit zufrieden und kann gleich nach der anstrengenden Tagesarbeit einschlafen, ohne erst durch die eigene Körperwärme die Betten behaglich zu machen. Wer überhaupt einmal das Angenehme eines solchen Kleidungsstückes empfunden hat, reist nie wieder ohne dasselbe.

Kleidung für Radfahrer

Die Radfahrerkleidung muß mit der größten Sorgfalt ausgewählt werden. Es gibt leider eine große Anzahl von Radlern, die darauf überhaupt kein Gewicht legen. Zunächst muß die Farbe der Stoffe genügend berücksichtigt werden. Die Farbe, wird mancher sagen, ist mir eine große Nebensache. Ich meine, sie ist doch nicht ganz Nebensache. Schwarze und hellblaue Stoffe werden in der Sonnenglut viel mehr, fast doppelt so sehr erwärmt als weiße, hellgraue oder hellgelbe.

Wer als Radler schon verschiedenfarbige Stoffe getragen hat, wird den Unterschied empfunden haben. Über die Kleidung im besonderen habe ich verschiedentliche Erfahrungen als Radler gesammelt, die ich nun folgen lasse. Als Unterhemd habe ich mit Vorteil ein weitmaschiges Netzhemd getragen. Dieses saugt nicht nur den Schweiß sehr leicht auf, sondern gestattet vor allen Dingen der Luft den Zutritt zum Körper. Als Überhemd habe ich ein sogenanntes Sporthemd benutzt. Dieses trage man am Halse geschlossen, und zwar zugeschnürt oder zugeknöpft. Vor allen Dingen muß es lang genug sein, eine Hauptbedingung, die leider vielen Sporthemden fehlt. Geschlossen soll das Hemd am Halse werden, weil der beim Fahren erzeugte kalte Luftstrom leicht zu Erkältungen Anlaß geben kann. Besonders gilt diese Regel für Fahrer, die einen verwöhnten Hals haben. Das Tragen von Sweaters mit schützendem Halskragen (Klappkragen) ist deshalb zu empfehlen.

Die Radlerkniehose sei vor allen Dingen weit genug und nicht zu lang, damit den Kniegelenken die freie Bewegung gelassen wird. Sie sei ferner nicht zu dick und möglichst aus hellem Stoff gearbeitet. Bei der Anstrengung, die eine beschwerliche Tour mit sich bringt, kommt man leicht in Schweiß. Durch ein dickes, dunkles Beinkleid würde die Schweißabsonderung nur gesteigert werden. Es sind dann auch Erkältungen — unterwegs beim Absteigen und im Quartier — leichter möglich. Man lasse sich in die Beinkleider verschließbare Rückentaschen nähen, weil gefüllte Seitentaschen beim Treten zu hinderlich sind.

Der Rock muß vor allen Dingen bequem sein. Er darf am Halse und unter den Armen nicht scheuern; ausfüttern mit Watte usw., was einen guten Sitz bewirken soll, ist zu verwerfen. Die Taschen seien breit und verschließbar. Als Hosenhalter habe ich mit Vorteil einen breiten, dehnbaren Gürtel benutzt.

Bei größeren Touren empfehle ich dir die Anschaffung eines Wettermantels, der ja nur 6 bis 8 Mark kostet. Dieser verhindert Erkältungen, indem er vor dem lästigen Durchnässen schützt. Eine Kapuze erhöht den Wert. Ferner laß leichte Handschuhe deine Begleiter sein. Die brennenden Sonnenstrahlen würden dir sonst übel mitspielen. Die Radlermütze sei hell, lustig und leicht und mit einem schützenden Schirm versehen. Wenn sich ein Radler nach diesen aus meiner vieljährigen Praxis hervorgegangenen und genügend erprobten Ratschlägen ausgerüstet hat, wird ihm auf der Reise kaum etwas zustoßen können.

Radfahrer mit Regenpelerine

Des Ausflüglers
selbstgemachte Umhängetasche

Für Herren, welche von ihrem Wohnort aus gerne weitere Ausflüge unternehmen und auch ihre Erholungsreise im Sommer hauptsächlich als Fußtour antreten, gibt es nichts Praktischeres als eine Umhängetasche, welche alles Nötige zum Übernachten auch selbst für mehrere Tage birgt.

Eine solche Tasche vermag eine geschickte weibliche Hand leicht herzustellen, sicherlich zur Freude ihrer Fußwanderungen liebenden männlichen Verwandten. Nach einer vorhandenen Tasche fertigt man ein genaues Papiermuster an, Vorder- und Rückenteil nebst dem langen Überschlag in einem Stück, sowie zwei Seitenteile. Nach dem Muster wird die Tasche zugeschnitten, wozu man als Oberstoff dunkelbraunes Segelleinen und als Futter gewöhnliches graues Leinen nimmt. Beide Stoffe werden aufeinandergelegt, zur Taschenform gebogen und diese durch Einnähen der beiden etwas keilförmigen Seitenstücke zur fertigen Tasche hergestellt.

Man faßt nun die Ränder ringsum mit einem 2 bis 3 Zentimer breiten, braunen Lederstreifen mittels der Nähmaschine ein. An den beiden oberen Ecken der Tasche wird je ein ziemlich großer Messingring angenäht und ein langer Riemen aus braunem Leder hindurchgezogen, zum Tragen und Umhängen der Tasche über der Schulter. Ein kurzer Lederriemen, am unteren Rand des Überschlages mit Löchern versehen, und eine gleichartige Schnalle, unten auf die Tasche gesetzt, besorgen den Verschluß. Nach Belieben kann die Tasche innen durch ein Leinenteil in zwei Abteilungen geteilt werden, und als besonders zweckmäßig erweist sich daselbst das Aufnähen von 1 bis 2 kleinen Täschchen auf dem Vorderteil unter dem Überschlag.

Die so verfertigte Umhängetasche wird dem Besitzer gar viel Freude bereiten und ihm noch lange ein nutzbringender Begleiter sein!

Ein preiswerter Regenschutz für Alpenreisende

Ehe wir die nächste Alpenreise antreten, wollen wir etwas lernen vom südamerikanischen Gaucho. Wenn der Pferdehirt weit draußen in den Pampas seine Herde umkreist, so schützt ihn sein wollener Poncho vor Regen und Wettersturm. Und wir —? Wird uns nicht jedes weitere Ausrüstungsstück bei brennender Sonnenglut und anstrengender Bergwanderung eine Last, die wir als notwendiges Übel aber doch mit uns führen müssen?

Der wollene Poncho des Gaucho freilich wäre uns keine Erleichterung. Wie es zu machen ist, haben mich vier lebenslustige, jugendliche Bergsteiger gelehrt. In menschenfreundlicher Weise aber hatten sie ihre Erfindung nicht patentamtlich schützen lassen. Wer gleich mir die Ausnutzung ihrer Erfindung ihnen mit nachtun will, verfahre also:

In einer Wachstuchhandlung kaufe dir vom dünnsten Wachstuch ein quadratisches Stück von 1 1/4 bis 1 1/2 Meter Seitenlänge. Mußt du wegen zu geringer Breite des Tuches zwei Längen nebeneinander nähen, so schadet's nicht. In der Mitte dieses Quadrates wird ein kreisrunder Ausschnitt mit einem Durchmesser von etwa 25 Ztm. und ein vom Ausschnitt nach einer Ecke des Stückes zulaufender Schlitz von etwa 20 Ztm. Länge angebracht. Der Rand des Quadrates und der Schlitz werden mit Band eingefaßt, der Ausschnitt aber durch breite Bandunterlage mit Hohlsaum umgeben und ein Band hindurch gezogen. Mehrfach zusammengelegt und schließlich gerollt nimmt dieses Ausrüstungsstück zur Reise im Rucksack nicht mehr Platz ein als eine einpfündige Zervelatwurst!

Überrascht dich nun ein Regensturm, so hole deinen Poncho hervor, stecke den Kopf durch den Ausschnitt und ziehe die zu weite Öffnung um den Hals mit dem Bande zusammen. Hast du die Zipfel über Brust, Rücken und beide Schultern herabhängen, so läufst du keine Gefahr, daß dir die Kleidung des Oberkörpers durchnäßt und die Lunge erkältet wird — und das ist schließlich die Hauptsache!

Zur Erziehung der Kinder

Sparsamkeit in der Kinderstube

Außerordentlich viel kann man in der Kinderstube sparen, indem man dort Sparsamkeit einführt und übt. Den Sinn dafür halte ich, wenn auch nicht gerade für eine angeborene Anlage, so doch für eine nicht allen Frauen innewohnende Charaktereigenschaft. Unleugbar hat die Erziehung der Kinder Einfluß auf die Ausbildung des Sparvermögens. Daher sollen sie möglichst früh zum Sparen angehalten werden. Neben dem richtigen Umgang mit Taschengeld, auf das im nächsten Kapitel näher eingegangen wird, lernt das Kind hauptsächlich Sparen im Umgang mit seinen Sachen.

Beim Einkauf gilt der Grundsatz: nicht oft, einfach, aber gut. Die Anschaffung eines neuen Kleides oder eines Spielzeugs hat als ein Ereignis zu gelten. Ferner soll streng darauf gesehen werden, daß das Kind alles wohl in Ordnung hält. Es lernt dadurch seine Sachen achten und lieben. Jedes Stück, auch das geringste, hat in seinen Augen einen Wert. Es lernt bescheiden sein in seinen Wünschen, lernt also auf diese Art auch Sparsamkeit zugleich.

Wie ist aber die Erziehung in dieser Weise heutzutage. Schon unsere Kleinen werden mit einer Menge Spielzeug umgeben, bei jedem Familienfest, jedem Besuch regnet es neue Spielsachen — ungerechnet die überflüssigen Zuckertüten! Sie besitzen schließlich solche Berge Spielzeug, daß sie sich darunter vergraben können. Das Kind lernt die einzelnen Stücke gar nicht mehr kennen, noch viel weniger schätzen. Nur das Viele hat Wert in seinen Augen. Ist es nun ordnungsliebend, so erhält es sich wohl seine Schätze, fehlt aber diese Tugend, so liegt die ganze Kinderstube voll Trümmer. Das ist offenbar leichtsinnige Verschwendung und — die Mutter ist schuld daran.

So ist es auch mit der Garderobe. Wie werden unsere Kleinen ausstaffiert! Die Kleidchen, Hütchen, Mäntelchen usw. — immer etwas Neues, etwas Besonderes! Gehen nicht die Kinder wie lebende Puppen auf den Straßen? Die Mutter will Staat mit ihren Kindern machen, will die schönsten haben, alle anderen überbieten. Das kostet natürlich Geld, viel Geld. Welchen Einfluß hat das auf die Kleinen? Sie werden eitel und putzsüchtig, wollen überall obenan stehen und fühlen sich unglücklich, wenn sie von anderen an Eleganz übertroffen werden.

Sparen sollen ferner die Kinder an ihren Schulsachen. Wie wird oft mit dem Papier, den Bleistiften, den Stahlfedern umgegangen! Ist das oder jenes davon ruiniert worden, verschenkt oder verloren gegangen, so gibt Mama oder Papa wieder einen Zwei- oder Fünfpfenniger her. Es ist ja eine Wenigkeit! Das Fehlende wird mit Leichtigkeit ersetzt und mit derselben Leichtigkeit wiederum ruiniert. So werden die Kinder vielfach erzogen. Das ist ein Punkt, an dem man sparen und Sparsamkeit lehren kann.

Was aber, ihr Mütter, wird bei der leichtfertigen modernen Erziehung herausspringen? Werden diese Kinder einmal sparsame Hausfrauen oder Hausväter werden? Niemals! Die meisten von den wenigen, die tatsächlich Sparsamkeit lernen, müssen erst die harte Schule des Lebens durchmachen, ehe sie zur Einsicht und Selbstbeherrschung gelangen. Wie wenige aber werden in so glänzende Verhältnisse kommen, daß sie nicht sparsam zu sein brauchen! Diejenigen aber, welche sich einschränken müssen und nicht können, werden unglücklich fürs ganze Leben. Ist es nicht eine schwere Anklage für die Mutter, wenn diese Unglücklichen sagen: „Wir sind nicht zur Sparsamkeit erzogen." Wie aber die Welt urteilt, wissen wir.

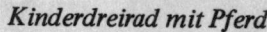

Kinderdreirad mit Pferd

Vom Taschengeld für Kinder

„Was Hänschen nicht lernt, lernt Hans nimmermehr!" und lernt das Kind nicht sparen, so wird es in seinem Alter nicht auf einen grünen Zweig kommen. Wie bringt man den Kindern das Sparen bei?

Jeden Monat gebe man dem Kinde eine bestimmte Summe, etwa 1 Mark, je nach den Verhältnissen und dem Alter auch etwas mehr. Niemals erlaube man ihm, Entbehrliches oder ganz Unnützes zu kaufen. Trotzdem ihm die Mittel zu verschiedenen Genüssen zu Gebote stehen, soll es sich doch schon einschränken lernen. Sein Geld gebrauche es zur Anschaffung des Notwendigen und Nützlichen. Die Auslagen für Schulhefte und Schreibmaterialien werden mit diesem Gelde gedeckt. Bei der ersten Löhnung gebe man ihm auch ein Heftchen, worin Ein- und Ausgaben verzeichnet werden. Neben den Einzeichnungen darf das Datum nicht fehlen. Am Schlusse des Monats kann das Kind seine Einnahmen und Ausgaben zusammenzählen. Letztere werden unten von den Einnahmen abgezogen und die Restsumme in den nächsten Monat übertragen.

Haben der Vater und die Mutter die Rechnung für richtig befunden, so erhält das Kind für den nächsten Monat etwas mehr. Dieses Mehr soll zunächst eine Belohnung sein, dann aber auch zu weiterer Sparsamkeit aneifern. Stimmen Rechnung und Kasse nicht, so ziehe man vom nächsten Monatsgelde des Kindes so viel ab, als der Unterschied ausmacht. Gut ist es, stets genügend Geld zu geben, damit ein Zurücklegen am Ende des Monats ermöglicht wird. Dieser Überschuß wird in einer Sparkasse für sie angelegt. Sehen die Kinder, daß diese Summe sich monatlich vergrößert, so werden Lust und Freude zur Sparsamkeit größer, und ihr seid banger Sorgen um das Wohl eurer Kinder in der Zukunft enthoben.

Neigen eure Kinder zu Oberflächlichkeiten, daß sie z.B. häufiger ihr Taschentuch verlieren oder leichtsinnigerweise ihre Bücher verderben, so schaffet von ihrem Gelde, also auf Kosten ihrer Sparkasse neue Sachen an. Sollten sie wieder in die Gefahr kommen, auf diese Weise zu sündigen, so wird der gegebene Denkzettel seinen Zweck nicht verfehlen.

Was Hänschen nicht lernt, lernt Hans nimmermehr!

Wie oft man Kindern Butterbrote bereiten sollte

„Ach, wären doch die Ferien erst zu Ende, daß die Kinder wieder zur Schule könnten", hörte ich neulich eine Mutter klagen, „sie lassen mir gar keine Ruhe mehr, man kann den ganzen Morgen mit dem Messer am Brotschranke stehen — ist eines fort, kommt das andere schon wieder!"

„Ja, liebe Frau", sagte ich, „daran tragt ihr selbst die Schuld. Wenn eure Kinder während der Schulzeit die Pausen einzuhalten vermögen, dann bringen sie es auch in den Ferien fertig! Kinder nehmen häufiger Nahrung zu sich als die Erwachsenen, da bei ihnen nämlich die Nahrung nicht nur die verbrauchten Stoffe zu ersetzen hat, sondern, da sich ihre Körper noch in der Entwicklung befinden, noch zum Wachstum beitragen muß. Wenn der Erwachsene mit drei Mahlzeiten ausreicht, gestatte ich dem Kinde deren fünf. Vormittags drei und nachmittags zwei. Kommt nun meine Kleine zu einer anderen Zeit trotzdem, um ein Butterbrot von mir zu erbitten, so wird sie unnachsichtlich auf die nächste Mahlzeit verwiesen und kehrt unverrichteter Sache wieder um. Gäbe man es ihr, so würde schnell eine Gewohnheit daraus!

Was machen die Kinder mit den Butterbroten? Als Lehrer kann ich es täglich wahrnehmen, wie Brotreste in den Pulten umherliegen, und während der Pausen werden fremde Hunde damit gefüttert. Das kommt nur daher, daß die Eltern im guten Glauben, daß ihr Kind alles verzehrt, ihm zuviel mitgeben. Dieses aber verschweigt, wie es der Brotreste ledig geworden.

Solltet ihr, liebe Leser, auch der Unsitte huldigen, euren Kindern Butterbrote zu geben, so oft sie es verlangen, so entwöhnt sie! Diese Unsitte ist nicht bloß der Gesundheit und der guten Entwicklung der Kinder abträglich, sondern sie widerspricht besonders dem Vorsatz zu Sparsamkeit. Jedes unnütz gegebene Butterbrot ist eine Ausgabe von 4 bis 5 Pfennig. Setzt das älteste Kind es durch, dann könnt ihr es den jüngeren ebenso nicht verweigern. Deshalb richtet euch, die ihr es heute leset, schon morgen danach ein: euer finanzieller Vorteil wird bedeutend sein! Gleichzeitig befolget ihr aber auch die Ermahnung des Heilandes, der uns allen zuruft: „Sammelt die übrigen Brocken, daß nichts umkomme!"

Die Augen wollen mehr als der Magen verträgt

Härtet Eure Kinder ab!

Sehen wir uns heutzutage auf den Schlitten- und Schlittschuhbahnen um, oder noch besser, stellen wir uns einmal an die Schule, wenn der Unterricht zu Ende ist, und sehen uns die Kinder an.

Es kann einem bitter leid tun, wie die Jugend heute verweichlicht und verpiept wird. Die kleinen Füße stecken in Filzschuhen oder gar Pelzstiefelchen. Nicht selten sieht man noch Gamaschen darüber. Dazu kommt der dicke, lange Mantel, welcher die ebenso dicken Kleidungsstücke über dichtem Unterzeuge bedeckt. Natürlich schließt bei dem Knaben ein hoher steifer Kragen das Hälschen ein. Darüber ist noch ein dicker Schal gewickelt, der bis zu den Ohren reicht. Dann kommt die Pelz- oder feste Stoffmütze. Man sieht kaum mehr als die Nase und die Augen. Daß nur ja kein Lüftchen das arme Kind berühren kann!

Solange die Kinder in den Kleidern bleiben, geht's ja. Verschiebt sich aber einmal ein Schal, oder berührt sie sonst irgendwie die Zugluft, so ist die Not da, und der Arzt muß kommen. Am schlimmsten ist das in der Übergangszeit im Frühling und im Herbste, wo die Kleidung leichter ist. Husten und Schnupfen sind das wenigste, oft stellen sich die bösartigen Kinderkrankheiten ein, und die ganze Familie atmet auf, wenn das Kind mit Gottes und des Arztes Hilfe über die gefürchtete Klippe hinüber ist. Was kann aber so ein Häschen, welches das ganze Jahr in dem hohen, steifen Leinenkragen steckt, der bösen Diphtherie für Widerstand bieten? Was ein Körper, von dem kaum im heißen Sommer das Unterzeug herunter kommt?

O, über euch Eltern! Glaubt ihr, ihr erzeigt euren Kindern eine Wohltat, wenn ihr Treibhauspflänzchen aus ihnen erzieht? Warum wird eine im freien Lande erzogene Pflanze viel stämmiger, gesunder und kräftiger als eine im Treibhaus gezogene derselben Art? Ich selbst bin vom Lande und kenne da alte Männer, die in ihrem Leben noch keine Strümpfe an ihre Füße gezogen haben, die Unterhosen und Unterjacken nur dem Namen nach kennen, die aber auch noch nie in der Behandlung eines Arztes gewesen sind. Das sind alte kernige Leute, die fest wie die Eich-

Kinderfräulein mit verwöhntem Stadtkind

bäume den Lebensstürmen Trotz bieten, Leute, die Festigkeit und Frische des Körpers wie des Geistes bewahrt haben und sie bis an ihr Ende behalten werden.

Solche Leute werden jetzt weit seltener groß gezogen. Kopfschmerz und Nervosität sind allgemein verbreitet bei den Menschen der Gegenwart. Wir leben in dem nervösen Zeitalter, und ich behaupte, dahin hat uns die Erziehung und die Mode gebracht. Zu den Gewohnheiten der guten alten Zeit können wir nicht wieder zurückkehren, dazu ist die Mode zu sehr Herrscherin geworden, aber wir können unsere Kinder trotzdem abhärten und kräftige, kernige Deutsche aus ihnen machen. Wir erweisen damit unseren Kindern eine Wohltat, sparen aber zugleich viel Geld an Kleidern, Doktor- und Apothekerkosten. Weg mit Gamaschen und Filzschuhen! Weg vor allen Dingen mit dem Stehkragen und dem Unterzeug! Weg mit dem Kaisermantel und Schaltuch! Der Körper muß abgehärtet werden und den Krankheiten und Anfechtungen des Lebens Trotz bieten lernen.

Man lasse die Kinder im Sommer möglichst viel barfuß gehen und im Winter nur baumwollene Strümpfe anziehen. Ein leinenes Hemd, ein gut anschließender Anzug, eine einfache Mütze auf dem Kopf, höchstens bei kalten Tagen noch wollene Handschuhe für die Hände — das sollte genügen!

Schon in der frühesten Kindheit soll man mit der Abhärtung beginnen. Man halte das Kind nicht soviel im Steckbett, sondern wickle ihm besser eine wollene Binde um das Leibchen und lasse es in gelinder Wärme strampeln und mit den Ärmchen fechten, soviel es will. Man fahre es jeden Tag bei einigermaßen trockenem und nicht schneidend kaltem Wetter ins Freie, ohne Schleier und möglichst leicht angezogen, und gebe ihm die ersten vier bis fünf Jahre als Hauptnahrung gute Milch zu trinken. Dabei wasche man es kalt, bade mäßig lauwarm und reibe den Rücken jeden Abend vor dem Schlafengehen erst naßkalt, dann trocken ab.

Will man bei größeren schon verweichlichten Kindern noch mit der Abhärtung beginnen, so ist das schwieriger und muß mit viel Vorsicht verbunden werden. Man fange mit kalten Abreibungen vor dem Schlafengehen an, damit die Nerven erstarken. Dann gleich mit ihnen in das mäßig erwärmte Bett, so daß Erkältungen ausgeschlossen sind. Erst ganz allmählich gewöhnt man sie an dünnere Kleidung. Ein leichter Schnupfen oder Husten schadet keinem Kinde. Es dauert oft sehr lange, aber wer energisch ist, setzt es durch, erspart viel Geld und, was noch mehr wert ist, erzieht kräftige, gesunde Kinder!

Reformkleidung für Mädchen

Eigene Sparrezepte

Brennesselsuppe

Zutaten: 500 g Brennesseln, ½ Lt. Wasser, 1 gestr. TL Salz, ½ Lt. heiße Brühe, 2 gestr. EL Stärkemehl, 3 EL kalte Milch, 2 EL Sahne, Salz, geriebene Muskatnuß, 1 Brötchen, etwas Butter.

―――

Die vorbereiteten Brennesseln gründlich waschen, in kochendes Salzwasser geben und bei schwacher Hitze garen. Abtropfen lassen und dann fein hacken. Vom Kochwasser ½ Lt. abnehmen und mit der Brühe (½ Lt.) zum Kochen bringen, von der Kochstelle nehmen, das angerührte Stärkemehl unter Rühren hineingeben und nochmals kurz aufkochen lassen. Brennesseln und Sahne unterrühren und mit Salz und Muskatnuß abschmecken. Das würfelig geschnittene Brötchen in heißer Butter anbräunen und erst kurz vor dem Auftragen zur Suppe geben.

|| Nur junge, zum Frühjahrsbeginn gepflückte, obere Blättchen der Brennesselpflanze (die noch nicht brennen) nehmen!

Eigene Sparrezepte

Eigene Sparrezepte

Eigene Sparrezepte

Eigene Sparrezepte

Eigene Sparrezepte

Eigene Sparrezepte

In dieser Reihe erschienen:

Altbewährter Ratgeber für Haus und Hof

Köstliches aus der alten rheinländischen Küche

Köstliches aus der schwäbischen Küche

Köstliches aus der alten friesischen Küche

Köstliches aus der bayerischen Küche

Köstliches aus der alten Berliner Küche

Köstliches aus der norddeutschen Küche

Wie man sparsam zu haushalten pflegt

Köstliches aus der niedersächsischen Küche

Köstliches aus der alten westfälischen Küche

Köstliches aus der hessischen Küche